テーマ別

力を伸ばす練習帳

「中級から学ぶ日本語 三訂版」準拠

亀田美保　高智子
柿本仁美　惟任将彦
佐藤真紀　杉山知里
立和名房子　野口亮子

KENKYUSHA

目　　次

第 1 課　まなぶ　　　　〈なぞなぞ〉………………………………………1
第 2 課　みつける　　　〈花の名前〉………………………………………5
第 3 課　たべる　　　　〈ごちそう〉………………………………………9
第 4 課　たとえる　　　〈猫に小判〉………………………………………13
第 5 課　あきれる　　　〈満員電車〉………………………………………17
　★第 1 課〜第 5 課　【ふくしゅう】……………………………………21
第 6 課　つたえる　　　〈思いやり〉………………………………………23
第 7 課　かざる　　　　〈名刺〉……………………………………………27
第 8 課　おもいこむ　　〈男の色・女の色〉………………………………31
第 9 課　まもる　　　　〈見えない相手〉…………………………………35
第10課　なれる　　　　〈腕時計〉…………………………………………39
　★第 6 課〜第10課　【ふくしゅう】……………………………………43
第11課　つながる　　　〈タテとヨコ〉……………………………………45
第12課　わける　　　　〈ABOAB〉…………………………………………49
第13課　おもいだす　　〈昼のにおい〉……………………………………53
第14課　みなおす　　　〈てるてるぼうず〉………………………………57
第15課　ふれあう　　　〈旅行かばん〉……………………………………61
　★第11課〜第15課　【ふくしゅう】……………………………………65
第16課　うたう　　　　〈歌の力〉…………………………………………67
第17課　なおす　　　　〈命〉………………………………………………71
第18課　はなれる　　　〈ふるさと〉………………………………………75
第19課　かなえる　　　〈ふたつの夢〉……………………………………79
第20課　おぼえる　　　〈ものづくり〉……………………………………83
　★第16課〜第20課　【ふくしゅう】……………………………………87

第1課 まなぶ

Ⅰ．漢字の練習をしましょう。

＊の語は意味を調べ、（　）の語は読み方をふくしゅうしましょう。

A	漢字	言葉	B	漢字	言葉
	供	子供(こども)		難	難(むずか)しい
	始	始(はじ)める　始(はじ)まる		今日	今日(きょう)
	私	私(わたし／わたくし)		母	お母(かあ)さん（母(はは)）
	配	心配(しんぱい)		寝	寝(ね)る
	親	親(おや)　父親(ちちおや)　母親(ははおや)　親子(おやこ)＊　（両親(りょうしん)）（親切(しんせつ)）		父	お父(とう)さん（父(ちち)）
	洗	洗(あら)う　お手洗(てあら)い		場	場所(ばしょ)　場合(ばあい)＊（運動場(うんどうじょう)）
	初	初(はじ)め　初(はじ)めて（最初(さいしょ)）		面	場面(ばめん)　画面(がめん)＊L3
	徒	生徒(せいと)　徒歩(とほ)＊		歯	歯(は)　虫歯(むしば)＊
	相	相手(あいて)		学	学(まな)ぶ（学校(がっこう)）（学生(がくせい)）
	化	文化(ぶんか)　化学(かがく)＊			

（1）＿＿＿の漢字をひらがなで、ひらがなの語を漢字で書いてください。

① ₁学校はバスで10分ぐらいだが、₂徒歩の₃場合は25分ぐらいかかる。
　（1　　　　　　）（2　　　　　　）（3　　　　　　）

② ₄虫歯になるといけないので、₅お母さんは₆こどもたちがいやがっても、食事の後、すぐに₇歯をみがかせている。
　（4　　　　　　）（5　　　　　　）（6　　　　　　）（7　　　　　　）

③ ₈おてあらいの₉場所を聞いたら₁₀親切な₁₁親子がつれて行ってくれた。
　（8　　　　　　）（9　　　　　　）（10　　　　　　）（11　　　　　　）

1

第1課　まなぶ

④ ₁₂今日の試合の₁₃最初の₁₄あいては強いから、₁₅しんぱいだ。
　（12　　　　　）（13　　　　　）（14　　　　　）（15　　　　　）

⑤ ₁₆ちちおやは仕事の後、家で中学校の₁₇せいとに₁₈化学を教えている。
　（16　　　　　）（17　　　　　）（18　　　　　）

(2) ①、②、③と同じ形の漢字を□から選んでください。

| 供　配　寝　相　母　徒 |
| 洗　初　父　難　始　学 |

▭▭ (上下)	①上と下
▯▯ (左右)	②右と左
▭	③そのほか

(3) 第1課本文を短くした文です。漢字とかなで書いてください。

> しょうがっこうでえいごのべんきょうをはじめたこどもがえいごがきらいになったらこまるなとしんぱいしていたひっしゃは、こどもにいやがられてはいけないとおもって、がっこうでなにをべんきょうしたのかたずねられないでいた。そんなあるひ、こどもにがいこくのこどもはよるねるまえにかおをあらうそうだが、それはどうしてだとおもうかとしつもんされた。えいごのじゅぎょうのはなしをきいたひっしゃは、こどもたちがえいごだけでなく、ひろくせかいをみることやもののみかたをひろげることなど、たいせつなことをまなんでいるのだとおもった。そして、こどもがこれからどんなことをまなぶのかたのしみにするようになった。

_____

_____

_____

_____

_____

第1課　まなぶ

Ⅱ．言葉の練習をしましょう。

(1) 一番良い言葉を選んでください。

① テストがよくできて、先生にほめられたので、とても（　　　）。
　a. うれしい　　　b. 楽しい　　　c. 楽しみだ　　　d. 楽だ

② 外国語を学ぶことで、ものの（　　　）を広げることができる。
　a. 考え方　　　b. 話し方　　　c. 見方　　　d. やり方

③ 子供のときからずっとピアノやダンスなどを（　　　）いる。
　a. 習って　　　b. ひいて　　　c. 勉強して　　　d. 学んで

④ 両親は兄に大学をやめるなと言った。（　　　）、兄はやめてしまった。
　a. そこで　　　b. それから　　　c. それで　　　d. それでも

⑤ 生徒から（　　　）質問が出て、先生はこまってしまった。
　a. 思いもしない　　　b. 思えない　　　c. 思っていない　　　d. 思わない

(2) どちらか正しいほうを選んでください。

① 学校へ行きたくないと言うと、母は料理の手を[止まった・止めた]。
② 学生は毎朝9時に教室に[入って・入れて]いなければならない。
③ 先生に帰るまでに作文を全部書いて[出る・出す]ように言われた。
④ 私は日本のドラマが好きで、毎週楽しみに[なって・して]いる。
⑤ 私は今年の4月から日本語の勉強を[始まった・始めた]。

Ⅲ．文を作る練習をしましょう。

(1) 正しくない文がふたつあります。a～eの中から選んでください。
　a. 子供が英語の勉強を始めた　　　b. 子供が英語を勉強を始めた
　c. 子供が英語の勉強をし始めた　　　d. 子供が英語を勉強し始めた
　e. 子供が英語の勉強し始めた

(2) 上の文の形を使って、正しい文を作ってください。

①【教室・そうじ】
　学生が＿＿＿＿＿＿＿＿＿＿＿＿＿＿＿＿＿＿＿＿＿始めた。
　学生が＿＿＿＿＿＿＿＿＿＿＿＿＿＿＿＿＿＿＿＿＿始めた。
　学生が＿＿＿＿＿＿＿＿＿＿＿＿＿＿＿＿＿＿＿＿＿始めた。

第1課　まなぶ

②【サッカー・練習】

友だちが_____始めた。

友だちが_____始めた。

友だちが_____始めた。

(3) 言葉をならべて、文を作ってください。

① ［楽しみに　生徒たちは　して　勉強を　いる　外国語の］
→

② ［意見が　外国語を　小学校で　ことには　ある　いろいろな　教える］
→

③ ［外国語で　なりたい　意見が　ように　言える　自分の］
→

Ⅳ．作文の練習をしましょう。

(1) 例のように、文を書いてください。

例：小学校で英語を勉強することにはどんな意味があるでしょうか。
→小学校での英語の勉強にはどんな意味があるでしょうか。

① 先生が説明されたことを聞いて、生徒は先生に質問することを始めた。
→

② 朝、さんぽすることは母が楽しみにしていることだ。
→

③ 「文化がちがうことがいろいろあるから、外国人と結婚することは心配だ」と、母は姉に言った。
→

(2) 2ページの文をもっと短くして、100字ぐらいで書いてください。

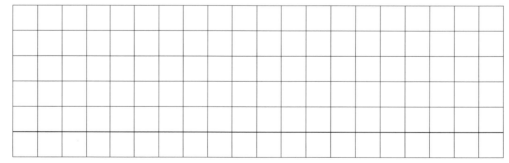

第2課 みつける

I．漢字の練習をしましょう。

＊の語は意味を調べ、（　）の語は読み方をふくしゅうしましょう。

A	漢字	言葉	B	漢字	言葉
	便	<ruby>便<rt>べん</rt></ruby><ruby>利<rt>り</rt></ruby>		通	<ruby>通<rt>かよ</rt></ruby>う （<ruby>通<rt>とお</rt></ruby>る）（<ruby>交通<rt>こうつう</rt></ruby>）
	達	<ruby>友達<rt>ともだち</rt></ruby>		周	<ruby>周<rt>まわ</rt></ruby>り
	遊	<ruby>遊<rt>あそ</rt></ruby>ぶ		向	<ruby>方向<rt>ほうこう</rt></ruby>　<ruby>意向形<rt>いこうけい</rt></ruby>＊
	困	<ruby>困<rt>こま</rt></ruby>る		当	<ruby>見当<rt>けんとう</rt></ruby>　<ruby>本当<rt>ほんとう</rt></ruby>　<ruby>当日<rt>とうじつ</rt></ruby>＊
	疲	<ruby>疲<rt>つか</rt></ruby>れる		咲	<ruby>咲<rt>さ</rt></ruby>く
	伝	<ruby>宣伝<rt>せんでん</rt></ruby>（<ruby>伝<rt>つた</rt></ruby>える） <ruby>伝説<rt>でんせつ</rt></ruby>＊		横	<ruby>横<rt>よこ</rt></ruby>
	笑	<ruby>笑<rt>わら</rt></ruby>う　<ruby>笑<rt>わら</rt></ruby>い<ruby>声<rt>ごえ</rt></ruby> <ruby>笑<rt>わら</rt></ruby>い<ruby>話<rt>ばなし</rt></ruby>＊		宣	<ruby>宣伝<rt>せんでん</rt></ruby>
	乗	<ruby>乗<rt>の</rt></ruby>る　<ruby>乗<rt>の</rt></ruby>り<ruby>物<rt>もの</rt></ruby>　<ruby>乗<rt>の</rt></ruby>せる＊		会	<ruby>会釈<rt>えしゃく</rt></ruby>（<ruby>会<rt>あ</rt></ruby>う）（<ruby>会場<rt>かいじょう</rt></ruby>）
	景	<ruby>景色<rt>けしき</rt></ruby>		釈	<ruby>会釈<rt>えしゃく</rt></ruby>
	進	<ruby>進<rt>すす</rt></ruby>む　<ruby>進<rt>すす</rt></ruby>める＊		色	<ruby>景色<rt>けしき</rt></ruby>（<ruby>色<rt>いろ</rt></ruby>）

（1）＿＿＿の漢字をひらがなで、ひらがなの語を漢字で書いてください。

① 私は自転車で₁通っているが、₂つかれているときは、地下鉄に₃のる。
　（1　　　　　）（2　　　　　）（3　　　　　）

② 公園へ行くと、₄宣伝で見た₅景色のようにさくらが₆咲いていた。
　（4　　　　　）（5　　　　　）（6　　　　　）

③ 初めての町で、道の₇方向の₈見当もつかなくて、₉本当に₁₀こまった。
　（7　　　　　）（8　　　　　）（9　　　　　）（10　　　　　）

④ 「₁₁あそぶ」の₁₂意向形が言えなくて、₁₃ともだちに₁₄わらわれた。
　（11　　　　　）（12　　　　　）（13　　　　　）（14　　　　　）

第2課　みつける

⑤ スピーチコンテストの₁₅会場はすぐ₁₆横にバスていがあって、₁₇交通が₁₈べんりだ。
(15　　　　)(16　　　　)(17　　　　)(18　　　　　　　)

(2) ①、②、③、④と同じ形の漢字を☐☐☐から選んでください。

```
宣  困  便  色  笑  周  遊
横  疲  釈  友  景  進
```

▢(上下)	① 上と下
▢(左右)	② 右と左
▢(中外)	③ 中と外　a　b　c　d
▢	④ そのほか

(3) 第2課本文を短くした文です。漢字とかなで書いてください。

　ひっしゃがすんでいたまちはこうつうがべんりではなかったので、にほんにくるまえはよくあるいていたが、にほんにきてからあまりあるかなくなった。がっこうへはちかてつでかよい、あそびにいくのにもバスやでんしゃをつかうことがおおい。しかし、がっこうのかえり、ちかてつがうごかなかったひに、ふたつさきのえきまであるくことにした。はじめはきがすすまなかったが、とちゅうでいろいろなものをみつけたり、いろいろなひとにあったりしてたのしかったので、これからもじかんがあればあるこうとおもった。

_____
_____
_____
_____

第2課　みつける

II．言葉の練習をしましょう。

(1) 一番良い言葉を選んでください。

① (　　　)の部屋の人が夜おそくまで大きい声で歌うので、困っている。
　a. 先　　　　　b. そば　　　　　c. となり　　　　　d. 横

② (　　　)ふとってきたので、毎日運動をすることにした。
　a. 今まで　　　b. この間　　　　c. この先　　　　　d. 最近

③ チェさんは学校に(　　　)、スーパーでアルバイトをしている。
　a. 行きながら　b. 通いながら　　c. 来ながら　　　　d. 進みながら

④ 大切なゆびわがなくなり、(　　　)みたが、どこにもなかった。
　a. 見当をつけて　b. さがして　　c. まよって　　　　d. 見つけて

⑤ (　　　)は駅まで送っていただき、どうもありがとうございました。
　a. この間　　　b. この先　　　　c. これまで　　　　d. 最近

(2) ☐の中から一番良い言葉を選んで、正しい形で書いてください。

　　　急ぐ　帰る　ちがう　疲れる　休む

例：次の(休み)に、両親へのプレゼントを買いに行くつもりだ。

① ふつう4、5さいから男の子と女の子の遊びに(　　　)が出てくる。
② (　　　)を取るには、ゆっくりおふろに入るのが一番だ。
③ (　　　)の仕事で、今日も(　　　)がおそくなってしまった。

III．文を作る練習をしましょう。

(1) 正しくない文がふたつあります。a～eの中から選んでください。
　a. 私は公園で花を見に行った　　　b. 私は公園の花を見に行った
　c. 私は公園へ花を見に行った　　　d. 私は公園へ花を見た
　e. 私は公園で花を見た

(2) 上の文の形を使って、正しい文を作ってください。
① 【日本・日本語・勉強】
　私は＿＿＿＿＿＿＿＿＿＿＿＿＿＿＿＿＿＿＿＿＿＿＿＿＿＿＿＿＿＿＿＿＿＿。
　私は＿＿＿＿＿＿＿＿＿＿＿＿＿＿＿＿＿＿＿＿＿＿＿＿＿＿＿＿＿＿＿＿＿＿。
　私は＿＿＿＿＿＿＿＿＿＿＿＿＿＿＿＿＿＿＿＿＿＿＿＿＿＿＿＿＿＿＿＿＿＿。

第2課　みつける

②【京都・古い建物の写真・とる】

　私は＿＿＿＿＿＿＿＿＿＿＿＿＿＿＿＿＿＿＿＿＿＿＿＿＿＿＿＿＿＿＿＿＿＿＿。

　私は＿＿＿＿＿＿＿＿＿＿＿＿＿＿＿＿＿＿＿＿＿＿＿＿＿＿＿＿＿＿＿＿＿＿＿。

　私は＿＿＿＿＿＿＿＿＿＿＿＿＿＿＿＿＿＿＿＿＿＿＿＿＿＿＿＿＿＿＿＿＿＿＿。

(3) 言葉をならべて、文を作ってください。

① ［帰りに　スーパーへ　今日　行った　した　買い物に　アルバイトを］

　→

② ［毎日　ことに　じゅぎょうの　図書館で　している　勉強する　後は］

　→

③ ［部屋で　家へ　行って　土曜日に　ゲームを　遊びに　した　友達の］

　→

Ⅳ．作文の練習をしましょう。

(1) 例のように、文を書いてください。

　例：きのう学校から帰るときに、ある駅で地下鉄が止まってしまった。

　　→きのう学校からの帰りに、ある駅で地下鉄が止まってしまった。

① この薬を飲むと、目が疲れるのがとれました。

　→

② 子供が遊ぶことは自分の世界を広げるために学ぶことだと言われる。

　→

③ 親が思うことが強く、大学に入れと言われたが、それでいいのかまようことが出てきた。

　→

(2) 【　】の言葉を自由に使って、「町で見つけたこと」を短い文で書いてください。

　「町で見つけたこと」【〜ことにした　この間　ときどき】

　例：この間、東京へ行って、東京と大阪ではエスカレーターの乗り方がちがうことがわかった。それで、ほかの場所でもときどき調べてみることにした。おもしろいのは京都で、外からたくさん人が来るからか、右側に立つ人も左側に立つ人もいた。

＿＿

＿＿

＿＿

＿＿＿。

第3課　たべる

I. 漢字の練習をしましょう。

*の語は意味を調べ、（　）の語は読み方をふくしゅうしましょう。

A	漢字	言葉
	準	じゅんび 準備
	備	じゅんび 準備
	温	あたた　　　あたた 温める　温かい （きおん）（おんど） （気温）（温度）
	変	か　　　　か 変わる　変える *L15
	姿	すがた 姿
	昔	むかし　むかしばなし 昔　昔話*
	囲	かこ 囲む
	忙	いそが 忙しい
	簡	かんたん 簡単
	単	かんたん　たんご 簡単　単語*

B	漢字	言葉
	晩	ばん　まいばん　こんばん　あさばん 晩　毎晩　今晩　朝晩*
	飯	ばん　はん　あさ　はん 晩ご飯　朝ご飯 ひる　はん 昼ご飯
	夜	こんや　やかん　よなか 今夜　夜間*（夜中） よる （夜）
	変	へんか　たいへん　か 変化　大変（変わる）
	景	ふうけい　けいき　けしき 風景　景気*（景色）
	栄	えいよう 栄養
	養	えいよう 栄養
	並	なら　　なら 並ぶ　並べる
	喜	よろこ 喜ぶ

(1) 　　　　の漢字をひらがなで、ひらがなの語を漢字で書いてください。

① ₁朝晩はまだ寒いので、₂気温の₃変化に気をつけてください。
　（1　　　　　）（2　　　　　）（3　　　　　）

② コンビニには₄いそがしくても₅かんたんに作れて、₆栄養のバランスも考えられた商品が₇並んでいる。
　（4　　　　　）（5　　　　　）（6　　　　　）（7　　　　　）

③ 父の₈喜ぶ₉すがたが見たくて、父を₁₀かこんで、食事をしながら₁₁昔話をした。
　（8　　　　　）（9　　　　　）（10　　　　　）（11　　　　　）

第3課　たべる

④ じゅぎょうの₁₂じゅんびのため、₁₃夜中まで₁₄単語を調べていて、ねぼうをしてしまい、₁₅朝ご飯を食べずに出かけた。
 (12　　　　　) (13　　　　　) (14　　　　　) (15　　　　　)

⑤ ₁₆景気が良くなったのはいいが、仕事がふえて、自分の時間が持てないという生活に₁₇かわってしまった。
 (16　　　　　) (17　　　　　)

(2) AとBを合わせて、例のように漢字を作ってください。

A	B
シ　ロ　竹　亦　イ　次　木　イ　日	ヒ　夂　井　目　共　先　女　間　京

例：イ＋共＝供
① 〔　　　　〕 ② 〔　　　　〕 ③ 〔　　　　〕 ④ 〔　　　　〕
⑤ 〔　　　　〕 ⑥ 〔　　　　〕 ⑦ 〔　　　　〕 ⑧ 〔　　　　〕

(3) 第3課本文を短くした文です。漢字とかなで書いてください。

　さいきんはかぞくのみんながいそがしくなり、こどももおやもひとりでしょくじすることがおおくなった。そして、しょくじのじかんをたのしみにしたり、かぞくがあつまっていっしょにテーブルをかこんだりすることがすくなくなった。また、スーパーやコンビニでは、えいようがあってかんたんにりょうりできるしょうひんがかえるようになり、かぞくのことをかんがえながら、じかんをかけてりょうりをつくることもすくなくなった。じだいがかわって、「かぞくのかんけいをつよくするじかんだ」といわれたしょくじのふうけいも、そして、かぞくのかんけいもへんかしてきているのだ。

_____
_____
_____
_____
_____

第3課　たべる

II. 言葉の練習をしましょう。

(1) 一番良い言葉を選んでください。

① 母がけがをしたと聞いて心配していたが、元気に歩いている(¹　　　)を見て、私は(²　　　)した。
1. a. 画面　　　b. 姿　　　c. 場面　　　d. 風景
2. a. にっこり　　b. はっきり　　c. ほっと　　d. もっと

② 試験の(　　　)に、手を止めて外を見ていると、先生に注意された。
　a. うち　　　b. とき　　　c. ところ　　　d. 中

③ やりたいことが見つけられないうちは、仕事は何でもいいと(　　　)言えない。
　a. しか　　　b. だけ　　　c. でも　　　d. ほど

④ ひさしぶりにびじゅつかんへ行き、時間を(　　　)ゆっくり絵を見た。
　a. かけて　　　b. すまして　　　c. 使って　　　d. 持って

⑤ 一日の終わりに家族が集まって(　　　)何があったか話すのが楽しみだ。
　a. あの日　　　b. この日　　　c. その日　　　d. どの日

(2) はんたいの意味になるように言葉を書いてください。

例：難しい　⇔　簡単な

① 昔　⇔　(　　　)　　　② 動く　⇔　(　　　)
③ 乗る　⇔　(　　　)　　　④ 出す　⇔　(　　　)
⑤ 入る　⇔　(　　　)　　　⑥ 忙しい　⇔　(　　　)

III. 文を作る練習をしましょう。

(1) ☐の中から一番良い言葉を選んで、正しい形で書いてください。

　　　きれい　大きい　うすい　重い　強い　しずか　自由

例：食事のし方も、家族の関係も(大きく)変わろうとしている。
　　(きれいに)手を洗ってから、ご飯を食べなさい。

① たくさん買い物をしたので、かばんが(　　　　)なりました。
② 子供たちにこの部屋にあるおもちゃを(　　　　)使わせてあげた。
③ 生徒たちは教室に先生が入ってくるのを(　　　　)待っています。
④ ここにある肉を(　　　　)切ってください。
⑤ ボタンを(　　　　)おすと、ベルがなって、電車が止まります。

(2) どちらか正しいほうを選んでください。

① じしんのために、[多い・多く]の人がなくなりました。

第3課　たべる

② 言葉の意味をほかの言い方で[簡単な・簡単に]説明するのは難しい。
③ チンさんは[ねむそうな・ねむそうに]顔をしてテレビを見ています。
④ [うれしそうな・うれしそうに]手紙を読む母の姿を見て、私もうれしくなった。
⑤ ガレさんはスポーツ選手の[ような・ように]走るのがはやいです。

(3) 言葉を並べて文を作ってください。
① [手紙を　書けと　書く　母から　ときは　ていねいに　言われた]
　→
② [多い　いいので　日は　寝ている　早く　休みの　おきなくても　昼まで　ことが]
　→
③ [悪く　ならない　おりた　天気が　うちに　急いで　山を]
　→

Ⅳ. 作文の練習をしましょう。

(1) 例のように、文を書いてください。
　例：きのう教室で友達とゲームをしていた。そこへ、先生が入ってきて「早く帰りなさい」と言った。

① なつかしい風景はいろいろあるが、＿＿＿＿＿＿＿＿＿＿＿＿＿＿
　＿＿＿＿＿＿＿＿＿＿＿＿＿＿＿＿＿＿＿＿＿＿もそのひとつだ。
② 地下鉄の駅は多くの人であふれていた。その日は＿＿＿＿＿＿＿＿
　＿＿＿＿＿＿＿＿＿＿＿＿＿＿＿＿＿＿＿＿＿＿＿＿＿＿＿。
③ コンビニのたなにはいろいろな商品が並んでいる。そこから＿＿＿
　＿＿＿＿＿＿＿＿＿＿＿＿＿＿＿＿＿＿＿＿＿＿＿＿＿＿＿。

(2) 10ページの文をもっと短くして、100字ぐらいで書いてください。

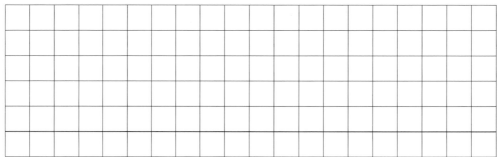

第4課　たとえる

I．漢字の練習をしましょう。

＊の語は意味を調べ、（　）の語は読み方をふくしゅうしましょう。

A	漢字	言葉
	面	面白い（画面）
	紹	紹介
	介	紹介
	回	回る　回す（1回）
	借	借りる
	役	役　役所＊　役人＊　主役＊
	判	小判　判子＊
	価	価値　物価＊
	値	価値　数値＊
	続	続ける　続く

B	漢字	言葉
	猫	猫　子猫＊
	誰	誰
	伝	手伝う（伝える）（宣伝）
	働	働く
	庭	庭　庭仕事＊
	額	額
	狭	狭い
	小	小判（小さい）（小学校）
	普	普通
	皆	皆さん

(1)　＿＿＿の漢字をひらがなで、ひらがなの語を漢字で書いてください。

① ₁物価が上がり、お金の₂かちが下がると、お金を₃かりる人がふえた。
　(1　　　　　)(2　　　　　)(3　　　　　)

② 学生の₄皆さん、₅役所では₆普通₇判子を使うので、作っておいてください。
　(4　　　　　)(5　　　　　)(6　　　　　)(7　　　　　)

③ 今日は目が₈まわるほど忙しいが、₉誰も₁₀手伝ってくれない。
　(8　　　　　)(9　　　　　)(10　　　　　)

第4課　たとえる

④ ₁₁働き₁₂つづけると、どんな仕事でも₁₃おもしろくなると父に言われた。
　　(11　　　　) (12　　　　　　) (13　　　　　)

⑤ うちの₁₄庭はとても₁₅狭くて、まるで「₁₆猫の₁₇額」のようだ。
　　(14　　　　) (15　　　　　) (16　　　　　) (17　　　　　　)

(2) AとBを合わせて、例のように漢字を作ってください。

A	B
並 口 糸 半 イ イ ウ 比 イ	云 木 売 亘 白 刂 動 日 昔

　　例：糸＋売＝続
　　①〔　　　　〕②〔　　　　〕③〔　　　　〕④〔　　　　〕
　　⑤〔　　　　〕⑥〔　　　　〕⑦〔　　　　〕⑧〔　　　　〕

(3) 第4課本文を短くした文です。漢字とかなで書いてください。

> にほんごのことわざやたとえにはどうぶつがでてくることがおおい。たとえば、ねこをつかった「ねこのてもかりたい」「ねこのひたい」「ねこにこばん」などのいいかたがある。ほかにも、いぬ、うし、うまなど、ひととむかしからずっとせいかつをしてきたどうぶつをつかってたとえていういいかたやことわざがいろいろあって、ながいあいだつかいつづけられている。それは、ことわざやたとえをつかえば、おもしろく、かんたんにいみがつたえられるからだとひっしゃはいっている。

Ⅱ．言葉の練習をしましょう。

(1) 一番良い言葉を選んでください。

① この道は大阪駅まで(　　　　)まっすぐ続いているそうだ。
　　a. ずっと　　　b. のんびり　　　c. もっと　　　d. ゆっくり

第4課　たとえる

② ひさしぶりに母の料理を食べたので、(　　　)食べすぎてしまった。
　a. ぜひ　　　　　b. つい　　　　　c. ほっと　　　　　d. よく

③ あしたのテストでは(　　　)いい点が取れるだろう。
　a. きっと　　　　b. ぜひ　　　　　c. それほど　　　　d. はっきり

④ 日本語がまだよくわからないので、もう少し(　　　)話してください。
　a. 気持ちよく　　b. 楽しみに　　　c. のんびり　　　　d. ゆっくり

⑤ このマンションは駅から近いから、学校へ通うのに(　　　)。
　a. 価値がある　　b. 便利だ　　　　c. 役に立つ　　　　d. 利用する

(2) 例のように、言葉を作ってください。
　例：(言い)始める
　① ～疲れる：(　　　)疲れる　(　　　)疲れる　(　　　)疲れる
　② ～続ける：(　　　)続ける　(　　　)続ける　(　　　)続ける
　③ ～始める：(　　　)始める　(　　　)始める　(　　　)始める
　④ ～終わる：(　　　)終わる　(　　　)終わる　(　　　)終わる
　⑤ ～合う　：(　　　)合う　　(　　　)合う　　(　　　)合う

Ⅲ．文を作る練習をしましょう。

(1) ☐ の中から一番良い言葉を選んで、正しい形で書いてください。

　　　しずか　あまい　かなしい　すずしい　広い　じょうず　じょうぶ

　例：このりんごは(あまくて)、おいしいです。
　　　チンさんはいつも(しずかで)、まじめな人です。
　① 私の部屋は(　　　　　)、きれいです。
　② 友達にうそをつかれて、(　　　　　)、泣いてしまった。
　③ 兄は料理が(　　　　　)、何でもおいしく作れます。
　④ この町は夏は(　　　　　)、冬は雪の景色がきれいです。
　⑤ このくつはとても(　　　　　)、何年もはけそうです。

(2) どちらか正しいほうを選んでください。
　① 山田さんは[やさしい・やさしく]笑いながら「はい」と言った。
　② 休みの日は[早く・早くて]おきて、そうじをします。
　③ 弟が自分のしょうらいを[ふかく・ふかくて]考えているとは思えない。
　④ 家族にはずっと[元気な・元気で]いてほしい。
　⑤ このパソコンほど[簡単に・簡単で]使えるものはないと思う。

第4課　たとえる

(3) 言葉を並べて、文を作ってください。
① ［使い方が　商品が　最近は　ある　いろいろ　便利な　簡単で］
　→
② ［行って　たのまれた　帰りに　学校の　買い物に　母に　ほしいと］
　→
③ ［ほど　忙しくて　ご飯を　なかった　目が　時間も　食べる　回る］
　→

Ⅳ．作文の練習をしましょう。

(1) 例のように、文を書いてください。
　例：いくら価値がある物でも、それがわからなければ、役に立たない。

① 日本料理はいろいろあります。その中でも＿＿＿＿＿＿＿＿＿＿＿＿
＿＿＿＿＿＿＿＿＿＿＿＿＿＿＿＿＿＿＿＿＿＿＿＿＿＿＿＿＿＿。

② たとえたくさん時間があっても、それほど＿＿＿＿＿＿＿＿＿＿＿＿
＿＿＿＿＿＿＿＿＿＿＿＿＿＿＿＿＿＿＿＿＿＿＿＿＿＿＿＿＿＿。

③ 外国に行けば、誰でもなれないことや困ったことがあると思います。
　そんなときは、＿＿＿＿＿＿＿＿＿＿＿＿＿＿＿＿＿＿＿＿＿＿＿。

(2) 【　　　】の言葉を自由に使って、「紹介したい言葉」を短い文で書いてください。
　「紹介したい言葉」【意味　たとえば　ぜひ】
　例：「時は金なり」という言葉があります。時間はお金と同じ価値があるから、大切にしなければならないという意味です。たとえば、ひまがあっても、何もせずにのんびりしている人に、「時は金なり、ですよ。そうじでもしなさい」と言います。皆さんもぜひおぼえてください。

第5課 あきれる

I. 漢字の練習をしましょう。

*の語は意味を調べ、(　)の語は読み方をふくしゅうしましょう。

A	漢字	言葉
	様	様子（皆様）
	満	満員　満足*L19 満席*　満点*　満開*
	眠	眠る　眠い
	誰	誰
	静	静か
	途	途中
	夢	夢中　悪夢*
	列	列　行列*
	並	並ぶ　並べる
	信	信じる　信号　信用*

B	漢字	言葉
	留	留学　留学生
	違	違う　間違う*L6 間違える
	子	様子（子供）
	大人	大人
	携	携帯
	帯	携帯　温帯*
	寄	お年寄り　寄る* 寄り道*
	儀	礼儀正しい　礼儀* 行儀*　儀式*

(1) 　　　の漢字をひらがなで、ひらがなの語を漢字で書いてください。

① ₁大人や₂お年寄りまで₃携帯電話のゲームに₄むちゅうになるなんて、₅しんじられない。

(1　　　　　　　) (2　　　　　　　) (3　　　　　　　) (4　　　　　　　)
(5　　　　　　　)

17

第5課　あきれる

② 電車の中が₆しずかで、電車に乗るときも₇行儀良く₈れつに₉ならんでいることに₁₀留学生は自分の国とは₁₁違うとおどろくそうだ。
(₆　　　　　) (₇　　　　　) (₈　　　　　) (₉　　　　　)
(₁₀　　　　　) (₁₁　　　　　)

③ ₁₂皆様、ごらんください。さくらが₁₃満開で、こちらには長い₁₄行列が続いています。
(₁₂　　　　　) (₁₃　　　　　) (₁₄　　　　　)

④ 猫の子が₁₅ねむる₁₆様子を見れば、₁₇だれでもかわいいと思うだろう。
(₁₅　　　　　) (₁₆　　　　　) (₁₇　　　　　)

(2) 正しい漢字を選んでください。
① 日本の小学生は[礼義正しい・礼儀正しい・礼議正しい]と思います。
② 妹は[留学・留字・留宇]を[連中・途中・道中]でやめてしまった。
③ あの店の料理は長い列に並んでも食べる[価植・価値・価直]がある。

(3) 第5課本文を短くした文です。漢字とかなで書いてください。

　ひっしゃは、にほんにきてから、でんしゃのなかでいろいろなことをみて、しゃかいのようすをまなんだ。にほんじんはしんせつでれいぎただしいときいていたが、ほんとうにそうなのだろうかと、にほんじんのこうどうにあきれたり、おどろいたりしたこともある。しかし、ひっしゃはこまったときにしんせつにしてもらったこともあるし、れいぎただしくこうどうするようすもみてきた。そして、いまはじぶんでみたりきいたりしたことをどうしてそうなのか、どうしてちがうのかとかんがえてみることがたいせつだとおもっている。

_____
_____
_____
_____
_____

Ⅱ．言葉の練習をしましょう。

(1) 一番良い言葉をひとつ選んでください。
① これからは日本を外国人が住みやすい(　　　　)にしなければならない。
　a. 機会　　　b. 社会　　　c. 場面　　　d. 様子

第5課　あきれる

② 今年一番の寒さに鳥も（　　）して動かない。
　a. じっと　　　　b. ずっと　　　　c. のんびり　　　d. ほっと
③ （　　）はひっこしを手伝っていただき、ありがとうございました。
　a. ある日　　　　b. この先　　　　c. この前　　　　d. 最近
④ いつも元気な上田さんがなくなったと聞いて、（　　）言葉も出ない。
　a. あきれて　　　b. おどろいて　　c. がまんして　　d. まよって
⑤ これは去年、外国に行った（　　）にとった写真です。
　a. うち　　　　　b. ころ　　　　　c. とき　　　　　d. ばかり

(2) （　　）に言葉を入れてください。
　例：耳に（入る）
① 口：口を（　　　　）　口に（　　　　）
② 目：目を（　　　　）　目が（　　　　）
③ 手：手を（　　　　）　手を（　　　　）　手を（　　　　）
　　　手に（　　　　）　手に（　　　　）

Ⅲ．文を作る練習をしましょう。
(1) 例のように書いてください。
　例：バンさんは日本に留学したことがあります
　　　→日本に留学したことがあるバンさん
① 会社員がお酒を飲んで眠っています　　　→
② 毎日電車を利用しています　　　　　　　→
③ 私はせんぱいに日本の話を聞きました　　→

(2) 例のように書いてください。
　例：列に並びます・その風景→列に並ぶ風景
① 母が料理を作ります・その姿　　　　　　→
②「顔を洗いなさい」と言います・その場面　→
③ 猫が昼寝をしています・その様子　　　　→

(3) 例のように書いてください。
　例：「猫に小判」・言い方→「猫に小判」という言い方
① 猫にはお金の価値がわからない・意味　　→
②「猫の手も借りたい」・ことわざ　　　　　→
③ さびしくてたまらない・気持ち　　　　　→

第5課 あきれる

(4) 言葉を並べて、文を作ってください。
① [くれた　かいた　自分で　まんがを　アンさんは　読ませて　私に]
　→

② [とも　父に　顔を　しかられた　父の　見よう　しなかった　妹は]
　→

③ [携帯電話を　買った　どこかに　しまった　ばかりの　おとして]
　→

IV. 作文の練習をしましょう。

(1) 例のように、文を書いてください。
　例：電車の中で会社員がお酒を飲んで眠っている姿を見て、あきれてしまった。
① 町の中で＿＿＿＿＿＿＿＿＿＿＿＿＿＿＿＿＿＿＿＿＿＿＿＿人を
　見て、＿＿＿＿＿＿＿＿＿＿＿＿＿＿＿＿＿＿＿＿＿＿＿＿＿＿。
② 昔見たえいがの中で＿＿＿＿＿＿＿＿＿＿＿＿＿＿＿＿＿＿場面を
　今もよくおぼえている。
③ ＿＿＿＿＿＿＿＿が＿＿＿＿＿＿＿＿＿＿＿＿＿＿＿＿＿＿姿を
　見て、＿＿＿＿＿＿＿＿＿＿＿＿＿＿＿＿＿＿という気持ちになった。

(2) 18ページの文をもっと短くして、100字ぐらいで書いてください。

第1課～第5課 【ふくしゅう】

Ⅰ．一番良い言葉を選んでください。

① 先生が質問すると、生徒たちは(　　　)自分の意見を話し始めた。
　a. 口々に　　　　b. つい　　　　c. ときどき　　　d. はっきり
② 私がいくら困っても、母が(　　　)てくれるとは思えない。
　a. 手にし　　　　b. 手を貸し　　c. 手を借り　　　d. 手を止め
③ ソさんはサッカーの試合に勝って、(　　　)喜んだ。
　a. 声を上げて　　b. 声をおとして　c. 声をかけて　　d. 声を下げて
④ 母と晩ご飯を食べようとしていた。(　　　)へ父が帰ってきた。
　a. あそこ　　　　b. ここ　　　　c. そこ　　　　　d. どこ
⑤ 朝から(　　　)雨がふっているので、今日は出かけないことにした。
　a. きっと　　　　b. じっと　　　c. ずっと　　　　d. ぜひ
⑥ 夫は最近ふとってきて、わかいときのように(　　　)なった。
　a. 走れずに　　　b. 走れないで　　c. 走れないように　d. 走れなく
⑦ 弟はギターがじょうずで、よく(　　　)。
　a. 聞いてくれる　　b. 聞いてもらう
　c. 聞かせてあげる　d. 聞かせてくれる
⑧ 山中さんは今日は忙しいようで、かいぎが終わると、すぐ(　　　)。
　a. 帰った　　　　b. 帰りたがる　　c. 帰る　　　　d. 帰れた

Ⅱ．(　　)に助詞を書いてください。「は」「も」は使えません。

① この家は学校から近くて、通うの(　　　)便利だ。
② ひとり(　　　)生活している人(　　　)はぜひ栄養(　　　)バランスを考えた食事をしてほしいと思います。
③ きのうの夜から店の前(　　　)並んで、新しいゲーム(　　　)手(　　　)入れた。
④ 日本語(　　　)は、気持ちが変わりやすいこと(　　　)「秋の空」(　　　)たとえる言い方がある。
⑤ 子供(　　　)大学(　　　)卒業しないうちは仕事をやめられない。
⑥ 学校へ行く途中(　　　)ある公園(　　　)は、きれいな花(　　　)たくさんさいている。
⑦ 今は料理を作るの(　　　)時間(　　　)かける人は昔ほどいない。
⑧ 先生(　　　)説明したばかりなのに、また同じ質問をするクラスメート(　　　)あきれてしまった。

第1課～第5課 【ふくしゅう】

Ⅲ. 【　】の言葉を正しい形にして、（　）に入れてください。
① 電車の中ではみんな顔を（　　　　）ともせず、携帯電話を見ている。【上げる】
② 高校時代の写真を（　　　　）うちに、（　　　　）たまらなくなり、なみだがあふれてきた。【見る】【なつかしい】
③ とてもおいしかったので、母にもこのケーキを（　　　　）あげようと思う。【食べる】
④ 兄は（　　　　）ことほど面白いことはないと（　　　　）ながら、勉強はあまりしない。【学ぶ】【言う】
⑤ 私は車を買ってから、あまり（　　　　）なりました。【歩く】
⑥ たばこを（　　　　）ながら食事をするなんて、失礼な人だとしか（　　　　）。【すう】【思う】
⑦ 結婚したい人を親になかなか（　　　　）ずにいる。【紹介する】
⑧ 両親が（　　　　）いけないから、1週間に1度電話を（　　　　）ことにしている。【心配する】【かける】

Ⅳ. どちらか正しいほうを選んでください。
① この文は辞書を[見ないで・見なくて]読めた。
② くもっていたが、雨に[ふられないで・ふられなくて]よかった。
③ わかいころは友達と毎日朝まで[寝ないで・寝なくて]遊んでいた。
④ 手を[洗わないで・洗わなくて]食事をしてはいけません。
⑤ 外国に旅行したとき、英語が[話せないで・話せなくて]大変だった。
⑥ 先生の声が[聞こえないで・聞こえなくて]、説明がわからなかった。
⑦ 今日は遊びに[行かないで・行かなくて]うちで勉強するつもりです。
⑧ 時間が[ないで・なくて]宿題が最後までできなかった。

第6課 つたえる

I. 漢字の練習をしましょう。

*の語は意味を調べ、（　）の語は読み方をふくしゅうしましょう。

A	漢字	言葉	B	漢字	言葉
	残	残業　残念　（残す）		慢	我慢　自慢*L15
	別	別　別料金　別々 別人*　別世界*　分別*		乗	乗車　（乗る）　（乗り物）
	払	払う		券	券　特急券　乗車券 券売機*　回数券*
	特	特急　特に*　特色* 特技*　特産*		敬	敬語　敬意*
	必	必要　必死*　必着*		残	残す　残る　（残業）
	要	必要　要点*		離	離れる　離す*
	違	間違う　間違える　違う		中	一日中　一晩中 世界中　（午前中） （夜中）
	感	感じる　感心*L15　感動*		命	命令　生命*　運命*
	若	若い　若者*L15		令	命令
	投	投書　投手*		禁	禁止
B	我	我慢		止	禁止　中止*

第6課　つたえる

(1) ＿＿＿の漢字をひらがなで、ひらがなの語を漢字で書いてください。

① アルバイトで₁敬語を₂まちがえないように、₃必死で練習した。
　（1　　　　　）（2　　　　　　　）（3　　　　　）

② ₄特急券は₅券売機でお金を₆はらって買うのだと、そばにいた₇わかい人が教えてくれた。
　（4　　　　　）（5　　　　　）（6　　　　　）（7　　　　　）

③ ₈とうしょの₉要点は₁₀ざんぎょうが続いて₁₁我慢できないということだ。
　（8　　　　　）（9　　　　　）（10　　　　　）（11　　　　　）

④ ₁₂世界中でひとりだけの₁₃運命の人だと₁₄かんじて、妻と結婚した。
　（12　　　　　）（13　　　　　）（14　　　　　）

⑤ 父は家族を₁₅残し、₁₆離れた場所でひとり働いている。
　（15　　　　　）（16　　　　　）

(2) 正しい漢字を選んでください。

① [特急・持急・待急]電車に乗るには乗車券のほかに別料金を払う必要がある。
② 会社で部長に「早くしろ」とか「電話に出ろ」とか、[命今・命会・命令]されてばかりだ。
③ けさの新聞に「若い人の敬語」という[設書・役書・投書]があった。

(3) 第6課本文を短くした文です。漢字とかなで書いてください。

> せいかつをしているなかで、ことばのつかいかたはまちがっていないのに、めいれいされているようにかんじることがある。また、めいれいやきんしのぶんでも、あいてへのおもいやりがつたわることもある。あいてがどうおもうかをかんがえながら、じぶんがかんがえていることをつたえるのはむずかしい。だから、ぶんぽうやかんじ、ことばのいみをまなぶこともたいせつだが、あいてのきもちをかんがえたことばのつかいかたもまなぶひつようがあるのではないかとひっしゃはかんがえている。

第6課　つたえる

Ⅱ．言葉の練習をしましょう。

(1) 一番良い言葉をひとつ選んでください。

① 父によると、母は日本へ行った私のことを毎日(　　)いるそうだ。
　a. あきれて　　　b. 気に入って　　　c. 信じて　　　d. 心配して
② 日本はつまらないとか、国へ帰りたいとか、友達に毎日聞かされたら、(　　)。
　a. うんざりする　　b. ほっとする　　c. 耳に入る　　d. 目が回る
③ 毎日は難しいが、私は(　　)日本語で日記を書くようにしている。
　a. きっと　　　b. ぜひ　　　c. たしかに　　　d. できるだけ
④ 留学生活では、(　　)ことがうれしいと感じるものだ。
　a. 少ない　　　b. 少し　　　c. ちょっとした　　d. はっきりした
⑤ いろいろ見せてもらったが、駅から近いこの部屋が便利で(　　)。
　a. 気が進んだ　　b. 気に入った　　c. 好きになった　　d. 良くなった

(2) 例のように、(　)に言葉を入れてください。
　例：(車)内
① ～内　：(　　　)内　(　　　)内　(　　　)内
② ～外　：(　　　)外　(　　　)外　(　　　)外
③ ～員　：(　　　)員　(　　　)員　(　　　)員
④ ～料金：(　　　)料金　(　　　)料金　(　　　)料金
⑤ ～券　：(　　　)券　(　　　)券　(　　　)券

Ⅲ．文を作る練習をしましょう。

(1) 例のように書いてください。
　例：日本語が難しいこと　　⇒日本語の難しさ
① 仕事が忙しいこと　　　⇒
② 日本人が親切なこと　　⇒
③ 携帯電話が便利なこと　⇒

(2) 例のように書いてください。
　例：言葉をどう使うか　　⇒言葉の使い方
① 言葉がどう伝わるか　　⇒
② 電車にどう乗るか　　　⇒
③ 子供とどう話すか　　　⇒

第6課　つたえる

(3) 言葉を並べて、文を作ってください。

① [週末の　いっても　料理を　だけだ　作ると　夕食]
　→

② [「～なさい」と　母の　伝わる　言っても　言葉からは　やさしさが]
　→

③ [ものでは　食べ始める　言わずに　すわって　すぐに　「いただきます」とも　ない]
　→

IV. 作文の練習をしましょう。

(1) 例のように、文を書いてください。
　例：相手にどう伝わるか考えて、言葉を選ぶ必要がある。
　　→相手への伝わり方を考えて、言葉を選ぶ必要がある。

① 先生にレポートをどう書くか質問しました。
　→

② 日本に来たばかりのころは、ごみをどうすてるかわかりませんでした。
　→

③ 会社でせんぱいから電話をどう受けるか気をつけろと言われました。
　→

(2) 【　】の言葉を自由に使って、「うまくできなかったこと」を短い文で書いてください。

「うまくできなかったこと」【～について　できるだけ　つもり】

　例：きのう、友達に自分の国の文化について聞かれた。できるだけていねいに説明したつもりだったが、友達にはあまりうまく伝わらなかったようだったので、とても残念だった。

第7課 かざる

I. 漢字の練習をしましょう。

＊の語は意味を調べ、（　）の語は読み方をふくしゅうしましょう。

A	漢字	言葉
	断	はんだん 判断
	制	せいふく　せいど 制服　制度＊L11 しゅうきゅうふつかせい 週休二日制＊
	決	き　　　　き 決める　決まる＊L8
	突	とつぜん　とつにゅう　とっぷう 突然　突入＊　突風＊
	然	とつぜん　ぜんぜん　とうぜん 突然　全然　当然＊L17
	無	むし　　むり　　むじん 無視　無理＊L17　無人＊ むりょう　むしょく　むめい 無料＊　無職＊　無名＊
	想	りそう　かんそう 理想　感想＊
	負	ま 負ける
	努	どりょく 努力
	力	どりょく　たいりょく　きりょく 努力　体力＊　気力＊
B	判	はんだん　はんこ　　こばん 判断　判子＊　（小判）
	術	しゅじゅつ 手術
	化	けしょう　けしょうひん 化粧　化粧品＊
	粧	けしょう　けしょうひん 化粧　化粧品＊

B	漢字	言葉
	挙	せんきょ　きょしゅ　いっきょ 選挙　挙手＊　一挙＊
	影	えいきょう　あくえいきょう 影響　悪影響＊
	響	えいきょう　おんきょう 影響　音響＊
	表	あらわ　　　あらわ 表す　表れる＊L19
	地	じみ　じめん　　とち 地味　地面＊　（土地）
	進	しんがく　しんしゅつ　しんこう 進学　進出＊　進行＊ ぜんしん　しんか　　すす 前進＊　進化＊　（進む）
	刺	めいし 名刺
	肩	かたがき　みぎかたあ 肩書　右肩上がり＊
	安	あんしん　あんぜん　あんらくし 安心　安全＊L9　安楽死＊
	頼	しんらい 信頼
	確	たし　　　たし 確か　確かめる＊
	間	にんげん　（間）（間違う） 人間　（間）（間違う） （時間）
	視	むし　しりょく　しかい 無視　視力＊　視界＊

第7課　かざる

(1) ＿＿＿の漢字をひらがなで、ひらがなの語を漢字で書いてください。

① ₁とつぜん天気が変わり、₂視界が悪くなったので、これ以上₃前進できないと₄判断して、途中で山を下りた。
(1　　　　　) (2　　　　　) (3　　　　　) (4　　　　　)

② 試合に₅まけたのは、₆体力も₇気力も相手のほうが上だったからだ。
(5　　　　　) (6　　　　　) (7　　　　　)

③ ₈名刺の肩書だけで、₉信頼できる₁₀人間だと₁₁きめずに、よく₁₂確かめることだ。
(8　　　　　) (9　　　　　) (10　　　　　) (11　　　　　)
(12　　　　　)

④ 「₁₃週休三日」というこれまでに例のない₁₄制度を始めたが、良い₁₅影響が₁₆表れてきた。
(13　　　　　) (14　　　　　) (15　　　　　) (16　　　　　)

(2) □には同じ漢字が入ります。読み方も書いてください。

① □　□う(　　　)
　　　□話(　　　)　音楽□(　　　)　□社(　　　)

② □　□ぶ(　　　)
　　　留□(　　　)　進□(　　　)　□校(　　　)

③ □　□う(　　　)
　　　□学(　　　)　普□(　　　)　交□(　　　)

(3) 第7課本文を短くした文です。漢字とかなで書いてください。

> よく「がいけんよりなかみ」といわれるが、がいけんでひとをはんだんすることもおおい。それで、ひとによくみられようとしゅじゅつやけしょうなどいろいろなことをする。また、せいふくでがっこうをきめたり、かたがきをたいせつにしたりする。ひっしゃは、がいけんをかざることもたいせつだが、なかみがなければなんにもならないので、がいけんをよくするとどうじに、なかみをよくするどりょくがひつようだといっている。

第7課　かざる

Ⅱ．言葉の練習をしましょう。

(1) 一番良い言葉をひとつ選んでください。

① 言葉で気持ちを(　　)表さなければ、相手には伝わらない。
　a. せっかく　　　b. はっきり　　　c. まるで　　　d. やっと
② 病気がなおった(　　)、まだ安心できない。
　a. うち　　　　　b. それでも　　　c. とはいえ　　d. など
③ 日本の選挙ポスターは、色もデザインも(　　)と思う。
　a. 静かだ　　　　b. 地味だ　　　　c. 便利だ　　　d. 有名だ
④ 昔はカラオケに行くのは(　　)なかったが、今は大好きになった。
　a. 気が進ま　　　b. 気にかから　　c. 気にし　　　d. 首をかしげ
⑤ この村には、山の中に「雪男」がいると(　　)いる人が多い。
　a. 表して　　　　b. 信じて　　　　c. 信頼して　　d. まよって

(2) ふたつの漢字を使った語の読み方を書いてください。

① 〔大＋声〕＝大声(　　　　　)　② 〔肩＋書〕＝肩書(　　　　　)
③ 〔口＋口〕＝口々(　　　　　)　④ 〔心＋配〕＝心配(　　　　　)
⑤ 〔習い＋事〕＝習い事(　　　　　)

Ⅲ．文を作る練習をしましょう。

(1) 例のように、正しい形にして(　)に言葉を書いてください。

　例：お年寄りが大きい荷物を(持って)電車に乗ってきた。

① 父はいつもめがねを(　　　　　　)新聞を読んでいます。
② 今日はコートを(　　　　　　)行かないと外は寒いですよ。
③ 目が悪くなるから、テレビは(　　　　　　)見たほうがいいですよ。
④ 私はコーヒーにミルクとさとうを(　　　　　　)飲みます。
⑤ 子供たちはおなかを(　　　　　　)家族の帰りを待っています。

(2) 例のように、正しい形にして書いてください。

　例：＿手をたたいて＿笑う　【手をたたく】

① ＿＿＿＿＿＿＿＿＿＿＿＿＿＿＿＿＿＿＿＿＿笑う　【声を上げる】
② ＿＿＿＿＿＿＿＿＿＿＿＿＿＿＿＿＿＿＿＿＿笑う　【困った顔をする】
③ ＿＿＿＿＿＿＿＿＿＿＿＿＿＿＿＿＿＿＿＿＿笑う　【下を向く】

第7課　かざる

(3) 言葉を並べて、文を作ってください。

① [読んで　いすに　人は　本を　いる　すわって　チンさんだ]
　→

② [すてて　ごみを　ときは　すてる　ふくろに　ください　入れて]
　→

③ [書かずに　0点に　ので　名前を　なった　テストを　出した]
　→

Ⅳ．作文の練習をしましょう。

(1) 例のように、文を書いてください。

例：外見を気にせずいられるように<u>と学校側が考えたから</u>、制服がある。
　→外見を気にせずいられるように<u>という学校側の考えから</u>、制服がある。

① 話せるようになってほしい<u>と親が思ったから</u>、子供たちは英語を学ぶ。
　→

② これは売れる<u>と部長が判断したから</u>、宣伝にお金をかけることにした。
　→

③ 人と話すのがへただ<u>と自分自身が思い込んでいたから</u>、今まで人と話すのが好きではなかった。
　→

(2) 28ページの文をもっと短くして、100字ぐらいで書いてください。

第8課 おもいこむ

I．漢字の練習をしましょう。

＊の語は意味を調べ、（　）の語は読み方をふくしゅうしましょう。

A	漢字	言葉
	共	きょうゆう きょうつう きょうかん 共有　共通＊　共感＊
	区	くべつ く くやくしょ 区別　区　区役所＊ くかん 区間＊
	基	きじゅん きほん きち 基準　基本＊　基地＊
	解	りかい かいせつ 理解　解説＊
	増	ふ ふ 増える　増やす＊
	派	はで りっぱ 派手　立派
	仲	なかま なかよ 仲間　仲良し＊
	個	こせい いっこ こじん 個性　1個　個人＊L9
	当	あ まえ ほんとう 当たり前（本当）
	込	おも こ こ 思い込む　込む

B	漢字	言葉
	娘	むすめ 娘
	許	きょか むきょか とっきょ 許可　無許可＊　特許＊
	可	きょか むきょか 許可　無許可＊
	求	もと 求める
	描	えが 描く
	癖	くちぐせ くせ 口癖　癖＊
	男	ちょうなん じなん おとこ 長男　次男（男） だんじょ （男女）
	納	なっとく 納得
	得	なっとく とく とくい 納得　得＊　得意＊
	経	けいけん けいひ けいゆ 経験　経費＊　経由＊

(1) 　　　の漢字をひらがなで、ひらがなの語を漢字で書いてください。

① 「₁長男が親の世話をするのは₂あたりまえだ」と両親が₃口癖のように言うので、そう₄おもいこんでいた。

(1) 　　　　　　) (2) 　　　　　　) (3) 　　　　　　) (4) 　　　　　　)

② ₅娘は歌が₆得意で歌手になるというゆめを₇描いている。そして、そのゆめを₈きょうゆうする₉なかまたちといつもいっしょに歌っている。

(5) 　　　　　　) (6) 　　　　　　) (7) 　　　　　　) (8) 　　　　　　)
(9) 　　　　　　)

第8課　おもいこむ

③ 学生たちは「₁₀こせいを大切にし、制服をなくしてほしい」と学校側に₁₁りかいを ₁₂求めており、それに₁₃共感する学生が増えている。
　(10　　　　　) (11　　　　　) (12　　　　　) (13　　　　　)

④ ₁₄次男が₁₅はでな化粧をした女の子を家につれてきた。
　(14　　　　　) (15　　　　　)

(2) □には同じ漢字が入ります。読み方も書いてください。

① □　・□業で疲れていたので、特急電車に乗った。　　　　　(　　　　)
　　　・子供のころ食事を□すと、両親にしかられたものだ。　　(　　　　)

② □　・□学について先生にそうだんしてみた。　　　　　　　(　　　　)
　　　・あまり気が□まなかったが、やってみると、楽しかった。(　　　　)

③ □　・方向がわからなかったが、見□をつけて歩いてみた。　 (　　　　)
　　　・親が子供のことを心配するのは□たり前だ。　　　　　 (　　　　)

(3) 第8課本文を短くした文です。漢字とかなで書いてください。

> ひっしゃはしらずしらずのうちに、だんじょのくべつをおしえられてそだった。それで、こどものころから、あかやピンクは「おんなのいろ」だとおもっていた。また、はでないろのふくをみにつけただけでなかまに「おとこのくせに」とからかわれたこともある。いまのじだいは、こせいをたいせつにし、ふくなどのデザインにだんじょのくべつはなくなってきているようにみえる。しかし、ひっしゃはほかにもあたりまえだとおもいこんでいることがたくさんあるだろうといっている。

_____
_____
_____
_____

II．言葉の練習をしましょう。

(1) 一番良い言葉をひとつ選んでください。

① 店の人の説明は難しかったが、言いたいことは(　　　)理解できた。
　a. いつの間にか　b. 知らず知らずのうちに　c. なるほど　d. 何となく

② 卒業式に出るなら、(　　　)した服を着ていったほうがいい。
　a. 安心　　　　　b. じっと　　　　c. ちゃんと　　　d. はっきり

第8課　おもいこむ

③ 残業は当たり前だという意見には、どうしても（　　　）できない。
　a. 区別　　　　b. 納得　　　　c. 判断　　　　d. 理解
④ かいぎに出席した全員に意見を（　　　）が、誰も何も言わなかった。
　a. 表した　　　b. 描いた　　　c. 決めた　　　d. 求めた
⑤ テストは来週だと（　　　）いたので、今週の木曜日からだと聞いて、おどろいた。
　a. 思い込んで　　b. 見当をつけて　　c. 信じて　　　d. 判断して

(2) はんたいの意味になるように言葉を書いてください。
　例：難しい　⇔　簡単な
　① 派手な　⇔　（　　　　　）　② 安心する　⇔　（　　　　　）
　③ 手を貸す　⇔　（　　　　　）　④ 許可する　⇔　（　　　　　）
　⑤ 続ける　⇔　（　　　　　）　⑥ 外見　⇔　（　　　　　）

III. 文を作る練習をしましょう。

(1) どちらか正しいほうを選んでください。
① 山田さんは、かいぎに[出席すると・出席するように]返事をした。
② 先生は学生に宿題を[わすれないと・わすれないように]注意した。
③ チンさんはあしたのパーティに[行こうと・行くように]思っている。
④ 母に手紙を[出してくると・出してくるように]たのまれた。
⑤ 夏休みにアルバイトを[しようと・するように]決めた。

(2) 例のように、文を作ってください。
　例：けいさつ→私「ここに車を止めてはいけません」
　　　けいさつの人は私にここに車を止めてはいけないと言った。
　　　けいさつの人は私にここに車を止めないように言った。

① 先生→学生「あしたは早く学校に来てください」
　先生は学生に＿＿＿＿＿＿＿＿＿＿＿＿＿＿＿＿＿てほしいと伝えました。
　先生は学生に＿＿＿＿＿＿＿＿＿＿＿＿＿＿＿＿＿ように伝えました。
② 母→私「夜は早く寝て、体に気をつけてください」
　母は私に＿＿＿＿＿＿＿＿＿＿＿＿＿＿＿＿＿なさいと言いました。
　母は私に＿＿＿＿＿＿＿＿＿＿＿＿＿＿＿＿＿ように言いました。
③ 医者→父「あまりお酒を飲んではいけません」
　父は医者に＿＿＿＿＿＿＿＿＿＿＿＿＿＿＿＿＿いけないと注意されました。
　父は医者に＿＿＿＿＿＿＿＿＿＿＿＿＿＿＿＿＿ように注意されました。

第8課　おもいこむ

(3) 言葉を並べて、文を作ってください。

① [思って　夏休みに　帰って　車の　国へ　取ろうと　めんきょしょうを　いる]
→

② [言われた　リサさんを　さそったが　時間が　映画に　ないと]
→

③ [今日は　家族　くるように　食事に　早く　行くので　帰って　言われた　みんなで]
→

Ⅳ．作文の練習をしましょう。

(1) 例のように、文を書いてください。
　例：あした<u>何時に来たらいいか</u>、教えてください。
　　→<u>あした来る時間</u>を教えてください。

① あした<u>どこに集まるか</u>、知っていますか。
　→

② きのうのかいぎで<u>何が決まったか</u>、みんなに知らせました。
　→

③ <u>どうして進学したくないか</u>、話してください。
　→

(2) 【　】の言葉を自由に使って、「思い込んでいたこと」を短い文で書いてください。
　「思い込んでいたこと」【いったい　～たところ　～にとって】
　例：私は結婚して、女性が仕事をやめるのは当たり前だと思っていた。だから、<u>私にとって</u>仕事選びはそれほど大切ではなかった。友達にそう<u>話したところ</u>、仕事と結婚は関係ないと言われた。<u>いったい</u>どうすれば、仕事も結婚もうまくやれるのだろうか。

第9課 まもる

I. 漢字の練習をしましょう。

＊の語は意味を調べ、(　)の語は読み方をふくしゅうしましょう。

A	漢字	言葉	B	漢字	言葉
	資	とうし しさん しりょう 投資　資産＊　資料＊		詳	くわ 詳しい
	情	じょうほう じじょう かんじょう 情報　事情＊　感情＊		財	ざいさん ざいりょく ぶんかざい 財産　財力＊　文化財＊
	報	じょうほう ほうどう つうほう 情報　報道＊　通報＊		戸	こせき いっこだ 戸籍　一戸建て＊
	他	たにん たこう たしゃ 他人　他校＊　他社＊		籍	こせき がくせき こくせき 戸籍　学籍＊　国籍＊
	産	ざいさん しさん せいさん 財産　資産＊　生産＊ さんぎょう しゅっさん さんち 産業＊　出産＊　産地＊		思	しそう いし おも 思想　意思＊L17　(思う) おもで おもこ (思い出)　(思い込む)
	管	かんり にゅうかん 管理　入管＊		宗	しゅうきょう しゅうは 宗教　宗派＊
	恐	おそ 恐ろしい		遺	いでんし いさん いたい 遺伝子　遺産＊　遺体
	対	たい たいりつ たいわ 対して　対立＊　対話＊		子	いでんし こども ようす 遺伝子　(子供)　(様子)
	責	せきにん じゅうせき しょくせき 責任　重責＊　職責＊		預	よきん 預金
	任	せきにん しゅにん しんにん 責任　主任＊　新任＊		技	ぎじゅつ とくぎ 技術　特技＊
B	鳴	な な なごえ 鳴る　鳴く　鳴き声＊		参	さんこう さんにゅう さんれつ 参考　参入＊　参列＊
	墓	はか はかいし はかば 墓　墓石＊　墓場＊		考	さんこう しこう せんこう 参考　思考＊　選考＊
	齢	ねんれい こうれい 年齢　高齢＊L17			

(1) 　　　の漢字をひらがなで、ひらがなの語を漢字で書いてください。

① ₁世界遺産が₂宗教の₃対立によって₄外国籍の男にこわされた。

(¹　　　　　　)(²　　　　　　)(³　　　　　　)(⁴　　　　　　)

35

第9課　まもる

② ₅他校から来た₆新任の先生の₇特技はダンスだそうで、₈年齢よりも若く見える。
(5　　　　　　) (6　　　　　　) (7　　　　　　) (8　　　　　　)

③ ₉財産を増やすには、₁₀預金はもちろん₁₁とうしが必要で、ちゃんと₁₂資産の₁₃かんりをしなければなりません。ぜひこの₁₄参考₁₅資料をごらんになってください。
(9　　　　　　) (10　　　　　　) (11　　　　　　) (12　　　　　　)
(13　　　　　　) (14　　　　　　) (15　　　　　　)

(2) 次の漢字の読み方を書いてください。

① 今日(　　　　) ② 大人(　　　　) ③ 今朝(　　　　　　)
④ 時計(　　　　) ⑤ 部屋(　　　　) ⑥ 景色(　　　　　　)

(3) 第9課本文を短くした文です。漢字とかなで書いてください。

　なにかをうったり、せんでんしたりするためのでんわがかかってくることがある。これは、なまえやでんわばんごうなどのじょうほうがしられているからだろう。あんぜんにかんりされているはずのじょうほうがもれ、あくようされることもある。いまは、インターネットをつかってだれでもおおくのじょうほうをてにいれたり、やりとりしたりできるじだいだ。ひっしゃは、じょうほうがあくようされないようにじぶんのせきにんでこじんじょうほうをまもることがたいせつだといっている。

_____
_____
_____
_____
_____
_____

II. 言葉の練習をしましょう。

(1) 一番良い言葉をひとつ選んでください。

① 週末、(　　　　)来週の初めごろれんらくが来るだろうと思います。
　a. あるいは　　b. ところで　　c. とはいえ　　d. まさか

② 1年間1日も休まず学校に来るなんて私には(　　　　)できない。
　a. 確かに　　b. とうとう　　c. とても　　d. めったに

③ きっぷを買うために並んでいたら、男の人が私の前に入ってきたので、(　　　　)が悪かった。
　a. 気　　b. 気分　　c. 気味　　d. 気持ち

第9課 まもる

④ 3さいの娘は(　　　)ことがあると、すぐに泣くので、困る。
　a. 気がしない　　b. 気が進まない　　c. 気に入らない　　d. 気にしない
⑤ 駅前に公園を作る工事が(　　　)の理由で遅れているそうだ。
　a. いつの間にか　　b. なるほど　　c. 何となく　　d. 何らか

(2) どちらか正しいほうを選んでください。

① 先生[に対して・にとって]年齢を聞くのは失礼でしょう。
② 兄は中学で数学の先生[として・について]働いています。
③ 校長先生の意見[につれて・によって]学校の庭でやさいを作ることになった。
④ 高校時代の先生[に対して・について]の思い出を作文に書いた。
⑤ 先生[にとって・によって]卒業する学生たちの姿を見るのはうれしいものだろう。

Ⅲ．文を作る練習をしましょう。

(1) 例のように、文を書いてください。
　例：私はこの絵をかきました。→この絵は私がかきました。

① 木から紙を作ります。
　→
② つくえの上に本があります。
　→
③ 私は金曜日の夜、友達と会います。
　→(私は)

(2) 例のように、(　　　)に言葉を入れてください。
　例：A: 日曜日にアルバイトをしますか。
　　　B: いいえ、(日曜日に)はしません。土曜日にします。
　　　C: いいえ、(アルバイト)はしません。まだ日本語がへたですから。

① A: 来週仕事で九州へ行くんです。
　B: ああ、(　　　　　)なら、私も来月福岡へ行くつもりです。
　C: いいですね。でも、(　　　　　)なら、遊びに行く時間はありませんね。
② A: 大学3年の夏休みにひとりで2か月間ヨーロッパを旅行したんです。
　B: へえ、(　　　　　)なんて、こわくなかったですか。
　C: すごい。(　　　　　)なんて、まだ行ったことがありません。
③ A: 先月、交通事故で入院されたそうですね。お体はいかがですか。
　B: ありがとう。(　　　　　)といっても、3日間だけだよ。

第9課　まもる

(3) 言葉を並べて、文を作ってください。

① ［すわないで　ここでは　外でなら　たばこは　ください　かまいませんが］
　→

② ［食べずに　なんて　何も　はずが　1週間　いる　できる　ない］
　→

③ ［おぼえるほど　なる　読むのが　おぼえれば　文を　漢字を　楽に］
　→

Ⅳ．作文の練習をしましょう。

(1) 例のように、文を書いてください。

　例：あした何時に来たらいいか、教えてください。
　　→あした来る時間を教えてください。

① 大学の入学試験を受けるのにいくらかかるか、せんぱいに聞いた。
　→

② インターネットでどうやって船のきっぷを買うか、友達に聞いた。
　→

③ 多くの個人情報を誰が悪用しようとしたか、けいさつが調べている。
　→

(2) 36ページの文をもっと短くして、100字ぐらいで書いてください。

第10課 なれる

I. 漢字の練習をしましょう。

*の語は意味を調べ、（　）の語は読み方をふくしゅうしましょう。

A	漢字	言葉	B	漢字	言葉
	原	原因　原子*　原料*		腕	腕　両腕*　腕前*
	因	原因　要因*　死因*		唯	唯一
	不	不明　不思議　不便　不安*　不満*　不景気*		一	唯一　単一*　同一*　（一月）（1ヵ月）（一月）
	主	主人　主語*　主役*		余	余裕　余分*　余計*
	亡	亡くなる　亡くす		裕	余裕
	定	定年　定員*　定食*		識	意識　無意識*　知識*
	追	追う		外	外れる　外す*　（外見）（外）
	忘	忘れる　忘れ物		腰	腰　足腰*　弱腰*
	経	経つ　（経験）		支	支度　支店*　支払う*
	議	不思議　会議　議員*		度	支度　（温度）（今度）
	調	調子　調味料*　（調べる）		起	起こる　起こす　起きる
	慣	慣れる　慣らす*		振	振り回す　振る
B	張	出張　主張*		語	語りかける　語る*L19　（敬語）
	縁	縁　無縁*			

第10課　なれる

(1) ＿＿＿の漢字をひらがなで、ひらがなの語を漢字で書いてください。

① 大阪の₁支店で働き始めた₂しゅじんはまだ₃なれず、₄不安なようだ。
　（1　　　　　）（2　　　　　）（3　　　　　）（4　　　　　）

② ₅なくなった人が₆語りかけてくる₇ふしぎな経験をした。
　（5　　　　　）（6　　　　　）（7　　　　　）

③ 子供に₈振り回され、時間に₉おわれ、いつも₁₀余裕がない。
　（8　　　　　）（9　　　　　）（10　　　　　）

④ ₁₁余計な₁₂調味料を入れなくても、しおだけでおいしくなると、食事の₁₃支度をしながら、おばあさんが教えてくれた。
　（11　　　　　）（12　　　　　）（13　　　　　）

⑤ 父は₁₄腕をけがし、₁₅ていねん後₁₆唯一の楽しみだったゴルフをやめた。
　（14　　　　　）（15　　　　　）（16　　　　　）

(2) 読み方の同じふたつの漢字のうち、正しいほうを選んでください。

① 留学生の［仲・中］には、卒業後、日本で仕事をする人もいる。
② 小さい女の子がバスのまどから手を［降って・振って］いる。
③ 父が［始めて・初めて］外国へ行ったときの思い出を話してくれた。

(3) 第10課本文を短くした文です。漢字とかなで書いてください。

　ひっしゃはごしゅじんがじこでなくなってからとけいをつかわなくなった。はじめはふべんだったが、だんだんきもちによゆうがもてるようになり、じかんがきになっていらいらすることもなくなった。ふしぎなことに、いえのなかでもとけいをみずに、だいたいのけんとうをつけて、じかんにおわれないせいかつができるようになった。そして、いなかにいってゆうのあるせいかつがしたいといっていたごしゅじんに、いなかにいかなくても、なれればじかんにおわれないせいかつができるとつたえたいといっている。

第10課　なれる

Ⅱ．言葉の練習をしましょう。

(1) 一番良い言葉を選んでください。

① A: 林さんは5人兄弟の長男なんですって。
　B: ああ、だから、あんなに子供の世話がじょうずな(　　)ですね。
　a. こと　　　　b. はず　　　　c. もの　　　　d. わけ

② 主人はナイフを振り回している男を見て、(　　)けいさつをよんだ。
　a. しばらく　　b. すぐ　　　　c. すっかり　　d. もうすぐ

③ 子供のころ、父は海外出張の(　　)、おみやげを買ってきてくれた。
　a. うちに　　　b. くせに　　　c. たびに　　　d. ところに

④ 初めて主人と見た映画の音楽が今も耳に(　　)いる。
　a. 聞いて　　　b. して　　　　c. 残って　　　d. 入って

(2) 同じような意味の言葉を書いてください。

例：前→（以前）

① 変わる　　→(　　　　　)　　② たまには→(　　　　　)
③ わけ　　　→(　　　　　)　　④ 出かける→(　　　　　)
⑤ ひとつだけ→(　　　　　)　　⑥ わかる　→(　　　　　)

Ⅲ．文を作る練習をしましょう。

(1) 例のように、文を書いてください。

例：私はこの絵をかきました。→私がかいたのはこの絵です。

① 私は水曜日と土曜日にアルバイトをします。
　→

② 父は日本で初めてさくらの花を見ました。
　→

③ 妹は東京へ学生時代の友達に会いに行きました。
　→

(2)【　　】の言葉を使って、ふたつの文をひとつにしてください。

例：私は結婚したばかりだった。父は定年で会社をやめた。【～ころ】
　→私が結婚したばかりのころ、父は定年で会社をやめた。

① 友達はまんがを貸してくれた。私は時間がなくて読めない。【せっかく】
　→

② 母は医者にねつが出た原因を聞いた。医者は「働きすぎだ」と言った。【～ところ】
　→

第10課　なれる

③ 子供たちは大声でさわいだ。母親はおかしを食べさせた。【～たびに】
　→

(3) 言葉を並べて、文を作ってください。

① [わけではない　毎日　好きだ　食べる　からといって　日本料理が]
　→

② [人も　開発が　交通が　便利に　進む　増えた　につれて　なり]
　→

③ [したら　なる　なった　腰が　体の調子が　どころか　痛く　運動　良く　かえって]
　→

Ⅳ．作文の練習をしましょう。

(1) 例のように、文を書いてください。
　例：<u>一番好きな動物を言って</u>ください。→<u>動物の中で何が一番好きか、言って</u>ください。

① クラスで<u>一番歌がじょうずな人を</u>知っていますか。
　→

② 学生時代に<u>一番思い出に残ったことについて</u>話してください。
　→

③ 今まで旅行して<u>一番景色が良かった場所を</u>教えてください。
　→

(2) 【　　】の言葉を自由に使って、「思い出すこと」を短い文で書いてください。
　「思い出すこと」【もうすぐ　～たびに　しばらく】
　例：<u>もうすぐ</u>留学している娘のたんじょう日だ。この日が来る<u>たびに</u>、プレゼントをもらって喜ぶ、まだ小さかったころの娘を思い出す。<u>しばらく</u>は会えないが、体に気をつけて、たくさん勉強してほしい。

第6課～第10課 【ふくしゅう】

Ⅰ．一番良い言葉を選んでください。
① (　　　　)が悪いといっても、病院へ行くほどではありません。
　a. 個性　　　　　b. 調子　　　　　c. 中身　　　　　d. 様子
② 水を買って家に置いておけば、じしんのときも(　　　　)。
　a. 安心だ　　　　b. 安全だ　　　　c. たしかだ　　　d. 必要だ
③ 文化の違う人たちと友達になれるなんて、不思議な(　　　　)。
　a. 気がする　　　b. 気に入る　　　c. 気にかかる　　d. 気にする
④ 海の中を泳ぐと、(　　　　)空を飛んでいるような気持ちになる。
　a. いったい　　　b. まさか　　　　c. まるで　　　　d. もちろん
⑤ 手術が終わるまでには(　　　　)時間がかかるはずだ。
　a. いつの間にか　b. しばらく　　　c. とうとう　　　d. もうすぐ
⑥ 「個性を大切にする」ということ(　　　　)みんなで考えてみましょう。
　a. として　　　　b. に対して　　　c. について　　　d. にとって
⑦ 親(　　　　)子供はいくつになっても子供だ。
　a. と同時に　　　b. につれて　　　c. にとって　　　d. によって
⑧ 小学生の子供がねつを出したので、今日は仕事を(　　　　)。
　a. 休まされた　　b. 休ませた　　　c. 休ませてもらった　　d. 休まれた

Ⅱ．(　　)に助詞を書いてください。「は」「も」は使えません。
① 10時に家(　　　)出れば、会議の時間(　　　)間に合うはずだ。
② せっかく朝早くから仕事(　　　)取りかかったのに、部長(　　　)会議の準備
　(　　　)手伝わされて、自分の仕事が終わらなかった。
③ このポスターは見る者(　　　)何(　　　)伝えたいのだろうか。
④ 外見(　　　)人(　　　)判断するのはよくあることだ。
⑤ 部長としての仕事(　　　)慣れるにつれて、気持ち(　　　)余裕(　　　)持てる
　ようになり、めったにいらいらしなくなった。
⑥ 敬語(　　　)使い方(　　　)間違うと、ていねいなどころか、かえって相手の気
　分(　　　)悪くさせる。

Ⅲ．【　　】の言葉を正しい形にして、(　　)に入れてください。
① 個人情報が(　　　　　　)とか、誰かに家をのぞかれたとか最近のニュースは
　(　　　　　　)ば(　　　　　　)ほど恐ろしくなる。【もれる】【聞く】【聞く】

第6課～第10課 【ふくしゅう】

② 山を下りる途中の突然の事故で、仲間を(　　　　　　)ようがなかった。【助ける】
③ まじめに働いている私が、定年前に突然会社を(　　　　　)なんて、とても(　　　　　)ことだ。【やめる】【納得する】
④ 次の部長を(　　　　　)じまいで会議が終わった。【決める】
⑤ このえいがを(　　　　　)たびに、学生時代を思い出す。【見る】
⑥ 個人の詳しい情報まで他人に(　　　　　)のはいやだ。【知る】
⑦ 仲間を(　　　　　)ことによって信頼関係が生まれる。【信じる】
⑧ できるだけ早く家を(　　　　　)と、妻と預金を始めた。【買う】

Ⅳ. ☐☐☐から言葉を選んで、(　　　　　)に書いてください。同じ言葉を何度選んでもかまいません。

> こと　もの　ところ　つもり　はず　わけ

① 大人は多くの経験をして、社会を理解する(　　　　　)だ。
② 駅から離れているからといって、不便な(　　　　　)ではない。
③ 学生のリサさんが高い服を身につけている(　　　　　)がない。
④ 友達に借りた本を返した(　　　　　)だったが、まだ家にあった。
⑤ 自分の預金は自分で管理する(　　　　　)にしている。
⑥ 時代が変われば、食事の風景も変化する(　　　　　)だ。
⑦ ピアノがじょうずになりたいなら、毎日練習する(　　　　　)だ。
⑧ 残念な(　　　　　)に、姉が作った料理はおいしくなかった。
⑨ お年寄りに失礼な言い方をする(　　　　　)ではない。
⑩ 栄養のバランスを考えた食事を続けた(　　　　　)、だんだんやせてきた。
⑪ 子供のころは弟をからかって、母にしかられた(　　　　　)だ。
⑫ A: 先月から父が入院しておりまして…。
　　B: ああ、それで、東京のお姉さんがもどってこられた(　　　　　)ですね。

第11課 つながる

I. 漢字の練習をしましょう。

＊の語は意味を調べ、（　）の語は読み方をふくしゅうしましょう。

A	漢字	言葉	B	漢字	言葉
	平	びょうどう ふびょうどう 平等　不平等＊		影	かげ　えいきょう 影　（影響）
	等	びょうどう ふびょうどう 平等　不平等＊		利	き　べんり　りよう 利く　（便利）（利用）
	得	〜ざるを得ない え　　　なっとく 得る＊L13　（納得）		扱	あつか あつか 扱い　扱う
	反	はんぱつ はんろん　　　はんたい 反発　反論＊L12　反対		廃	はいし はいこう 廃止　廃校＊
	映	はんえい えいが じょうえい 反映　映画　上映＊		自	しぜん　じどうしゃ 自然　（自動車）
	確	かくにん せいかく 確認　正確＊L13 たし （確か）		司	じょうし しかい 上司　司会＊L19
	認	かくにん にんしき にんてい 確認　認識＊　認定＊		互	たが お互い
	息	いき ひといき 息　一息＊		築	きず 築く
	存	そんざい そんぞく　ぞん 存在　存続＊　（存じる）		交	か　　　こうつう 交わす　（交通）
	在	そんざい ざいこうせい ざいじゅう 存在　在校生＊　在住＊		歓	かんげい かんげいかい かんせい 歓迎　歓迎会＊　歓声＊
	果	けっか いんが 結果　因果＊		迎	かんげい 歓迎
	割	やくわり わ わ 役割　割る　割れる		失	うしな　しつれい 失う　（失礼）
B	厳	きび 厳しい		剣	しんけん けんじゅつ けんどう 真剣　剣術＊　剣道＊
	下	じょうげ げこう　　ぶか 上下　下校＊　（部下）			

第11課　つながる

(1) ＿＿＿の漢字をひらがなで、ひらがなの語を漢字で書いてください。

① ₁上司は₂部下に₃厳しいが、みんなを₄びょうどうに₅扱ってくれる。
　(1　　　　　) (2　　　　　) (3　　　　　) (4　　　　　)
　(5　　　　　)

② 町の学校の₆廃校には₇はんたいする人が多く、₈存続が決まった。
　(6　　　　　) (7　　　　　) (8　　　　　)

③ 田中さんとはあいさつを₉交わすぐらいの関係だったが、₁₀お互いに₁₁えいががしゅみだとわかってから、₁₂自然に話す機会が増えた。
　(9　　　　　) (10　　　　　) (11　　　　　) (12　　　　　)

④ 新しい学生の₁₃歓迎会をするために、前の日に₁₄やくわりを₁₅かくにんし、準備をしたが、台風の影響でほかの日にせざるを₁₆えなくなった。
　(13　　　　　) (14　　　　　) (15　　　　　) (16　　　　　)

(2) AとBから反対の意味の漢字を選んで、言葉を作り、読み方を書いてください。

A	B
前　大　男　上　終　左　南	右　下　小　北　後　女　始

例：〔 上下 〕（ じょうげ ）

① 〔　　　　〕（　　　　　）　② 〔　　　　〕（　　　　　）
③ 〔　　　　〕（　　　　　）　④ 〔　　　　〕（　　　　　）
⑤ 〔　　　　〕（　　　　　）　⑥ 〔　　　　〕（　　　　　）

(3) 第11課本文を短くした文です。漢字とかなで書いてください。

> いまは、じゅうでびょうどうなヨコのつながりをたいせつにするじだいになった。これまでのタテしゃかいではうえにたつものにはしたのものをいちにんまえにそだてるというせきにんとやくわりがあり、したのものもそれをりかいし、そのかんけいをうけいれた。そして、おたがいがしんらいしあえるにんげんかんけいがきずかれた。しかし、ヨコしゃかいにはそのようなせきにんややくわりはなく、むせきにんなにんげんかんけいしかそだたないといういけんがある。ひっしゃは、ヨコのつながりがたいせつにされるようになったいま、「タテしゃかい」にあったたいせつなものがうしなわれつつあるのではないかとかんじている。

第11課　つながる

_____
_____
_____
_____
_____

Ⅱ．言葉の練習をしましょう。

(1) 一番良い言葉を選んでください。

① 兄がゲームをするときにじっと画面を見る(　　　)目はこわいほどだ。
　a. 安心な　　　　b. 真剣な　　　　c. まじめな　　　　d. 明確な

② 小さな子供にしろ仕事の相手にしろ、信頼関係を(　　　)には時間がかかるものだ。
　a. 生み出す　　　b. 交わす　　　　c. 築く　　　　d. つながる

③ 若い人たちを育てることが私の(　　　)だと思っている。
　a. 肩書　　　　b. 存在　　　　c. 身分　　　　d. 役割

④ 言葉ができなくて、子供のように(　　　)、気分が悪かった。
　a. 扱われ　　　b. 受け入れられ　　c. 追われ　　　　d. 取り立てられ

⑤ 定年になり、仕事をやめた父は毎日(　　　)過ごしている。
　a. お互いに　　b. 気安く　　　c. 気楽に　　　d. 自然に

(2) 反対の意味になるように言葉を書いてください。

　例：難しい　⇔　簡単な

① 厳しい　⇔　(　　　　　)　② 上司　⇔　(　　　　　)
③ 結果　⇔　(　　　　　)　④ 不便な　⇔　(　　　　　)
⑤ 自分　⇔　(　　　　　)　⑥ 亡くなる　⇔　(　　　　　)

Ⅲ．文を作る練習をしましょう。

(1) どちらか正しいほうを選んでください。

① テレビの番組によると、毎日30分歩くと、足や腰が強く[なる・なった]そうだ。
② 5キロ体重をおとしたので、若いころはいていたスカートがはけるように[なる・なった]。
③ 道にまよって困っていると、親切な人が[教えてくれる・教えてくれた]。
④ 今日は一日働いて、体が[動かなくなる・動かなくなった]ほど疲れた。
⑤ かばんにかぎを[入れる・入れた]つもりだったが、入っていなかった。
⑥ 若いころは、上司によくごちそうに[なるものだ・なったものだ]。

第11課　つながる

⑦ 上司に会ったら、まず自分からあいさつ[するものだ・したものだ]。

⑧ 会話がじょうずになりたいなら、毎日[話すことだ・話したことだ]。

(2) 言葉を並べて文を作ってください。

① [今朝は　さえ　とるが　毎日　飲めなかった　朝食を　水]
　→

② [ください　あるときは　上で　れんらくを　用事が　した　来て]
　→

③ [だったのに　学校へ　雨が　持たずに　しまった　来て　かさを　降りそう]
　→

IV．作文の練習をしましょう。

(1) 例のように、文を書いてください。

例：【ユウさんはコンビニでパンを買って、かわいいおさらをもらった】
　A: ユウさん、かわいいおさらですね。どこで買ったんですか。
　B: これですか。<u>コンビニでパンを買うと、もらえますよ。</u>

① 【レさんはインターネットで調べて、東京で安いホテルにとまった】
　A: レさん、東京へ行きたいのですが、安いホテルを知りませんか。
　B: ホテルですか。＿＿＿＿＿＿＿＿＿＿＿＿＿＿＿＿＿＿＿。

② 【マリーさんはちこくをして、試験が受けられなかった】
　A: マリーさん、試験を受けなかったんですか。
　B: ええ、＿＿＿＿＿＿＿＿＿＿＿＿＿から、気をつけてください。

③ 【スニタさんは家から40分歩いて学校へ通って、やせた】
　A: スニタさん、最近やせて、きれいになりましたね。
　B: ええ、＿＿＿＿＿＿＿＿＿＿＿＿＿。やってみませんか。

(2) 46ページの文をもっと短くして、100字ぐらいで書いてください。

テーマ別 力を伸ばす練習帳

「中級から学ぶ日本語 三訂版」準拠

解答集

KENKYUSHA

『テーマ別　中級から学ぶ日本語(三訂版)準拠　力を伸ばす練習帳』解答

○この教材をお使いになる方へ

　これは、『テーマ別 中級から学ぶ日本語　三訂版』(以下、「テーマ別中級」)を使って、中級の力をつけるために勉強している学習者のための教材です。「テーマ別中級」では、
① 日常身近に体験する出来事や社会的な話題について、自分の感想や考えが理由とともに説明できること
② 異なる視点や考え方を持つ相手とも、興味・関心を持って情報や意見の交換ができること、を目標としています。

　そして、この教材では、①②の目標に達するのに必要な日本語の力を伸ばすため、語から文を作り、考えを言葉にする練習を多く提供しています。自習用として開発された教材ですので、問題を解きながら、日本語の文の作り方について理解を深めてください。また、教室で課のまとめや復習として使っていただいてもよいと思います。

　各課の練習項目Ⅰは、漢字の練習です。表のＡは書き方も読み方も覚えてほしい漢字です。書き方はインターネットのアプリなどを使って、調べてください。また、表のＢは読み方を覚えてほしい漢字です。表Ａ・Ｂには、「テーマ別中級」に出ている言葉以外にも、この漢字を使った言葉が紹介されています。＊の語はまだ勉強していない語ですが、今まで勉強した漢字の組み合わせでできている語ですから、意味を調べて一緒に覚えるとよいでしょう。そして、「L3」などの表示はその言葉が出てくる課の番号を表します。(　　)の語は、これまでに習った読み方の語です。そのほか、読み方・書き方の練習や漢字の形を確認する練習、漢字の言葉を作る練習、そして、ひらがなとカタカナだけで書かれた文を漢字とひらがな・カタカナで書く練習があります。これは音を意味と結びつけるのに役に立つ練習です。

　練習項目Ⅱは言葉の練習です。習った語や表現の使い方を確認しましょう。

　練習項目Ⅲは、語から文を作る練習です。語と語が文の中で、どのような関係を作っているか、どのように並べられているか、考えながら文を作ってください。

　練習項目Ⅳは、作文の練習です。文を書き替えていろいろな表現のし方を学びます。そして、そのような書く技術を使って、短い文を書いてみましょう。

　この教材を使って、日本語の文を正しく作る力がつけば、日本語が自由に使えるようになり、コミュニケーションの機会も広がるでしょう。

第1課　まなぶ

Ⅰ (1) ① 1　がっこう　　2　とほ　　3　ばあい
　　　② 4　むしば　　5　おかあさん　　6　子供　　7　は
　　　③ 8　お手洗い　　9　ばしょ　　10　しんせつ　　11　おやこ
　　　④ 12　きょう　　13　さいしょ　　14　相手　　15　心配
　　　⑤ 16　父親　　17　生徒　　18　かがく
　(2) ① 寝　学
　　　② 供　配　相　徒　洗　初　難　始
　　　③ 母　父

【ポイント】漢字の部分には、「へん」(左側)、「つくり」(右側)、「かんむり」(上)、「あし」(下) など名前がありますが、そのような名前で分けるのではなく、自分でわかりやすい部分に分けてみましょう。

　(3)　小学校で英語の勉強を始めた子供が英語がきらいになったらこまるなと心配していた筆者は、子供にいやがられてはいけないと思って、学校で何を勉強したのかたずねられないでいた。そんなある日、子供に外国の子供は夜寝る前に顔を洗うそうだが、それはどうしてだと思うかと質問された。英語のじゅぎょうの話を聞いた筆者は、子供たちが英語だけでなく、広く世界を見ることやものの見方を広げることなど、大切なことを学んでいるのだと思った。そして、子供がこれからどんなことを学ぶのか楽しみにするようになった。

Ⅱ (1) ① a　② c　③ a　④ d　⑤ a
　(2) ① 止めた　② 入って　③ 出す　④ して　⑤ 始めた
Ⅲ (1) b・e
　(2) ① 学生が教室のそうじを始めた。
　　　　学生が教室のそうじをし始めた。
　　　　学生が教室をそうじし始めた。
　　　② 友だちがサッカーの練習を始めた。
　　　　友だちがサッカーの練習をし始めた。
　　　　友だちがサッカーを練習し始めた。

【ポイント】(1)(2)では、「英語の勉強を始める」「英語の勉強をする＋始める」「英語を勉強する＋始める」の違いを考えるといいでしょう。

　(3) ① 生徒たちは外国語の勉強を楽しみにしている。
　　　② 小学校で外国語を教えることにはいろいろな意見がある。
　　　③ 外国語で自分の意見が言えるようになりたい。
Ⅳ (1) ① 先生の説明を聞いて、生徒は先生への質問を始めた。
　　　② 朝のさんぽは母の楽しみだ。
　　　③ 「文化のちがいがいろいろあるから、外国人との結婚は心配だ」と母は姉に言った。

【ポイント】動詞で終わる文を名詞に変えるには、文の終わりに「こと」をつけます。また、動詞を名詞にすることもできます。

(2) ［解答例］
　　　小学校で英語の勉強を始めた子供から英語の時間の話を聞いた筆者は、子供たちは英語だけでなく、ものの見方を広げることも学んでいるのだと思った。そして、子供がどんなことを学ぶのか楽しみにするようになった。(99字)

第2課　みつける

Ⅰ (1) ① 1 かよって　　2 疲れて　　3 乗る
　　　② 4 せんでん　　5 けしき　　6 さいて
　　　③ 7 ほうこう　　8 けんとう　　9 ほんとう　　10 困った
　　　④ 11 遊ぶ　　12 いこうけい　　13 友達　　14 笑われた
　　　⑤ 15 かいじょう　　16 よこ　　17 こうつう　　18 便利
　(2) ① 宣　笑　景
　　　② 便　横　釈
　　　③ a 遊進　　b 疲　　c 周　　d 困
　　　④ 色　友

【ポイント】　第1課のⅠ(2)の【ポイント】を見てください。

(3)　筆者が住んでいた町は交通が便利ではなかったので、日本に来る前はよく歩いていたが、日本に来てからあまり歩かなくなった。学校へは地下鉄で通い、遊びに行くのにもバスや電車を使うことが多い。しかし、学校の帰り、地下鉄が動かなかった日に、ふたつ先の駅まで歩くことにした。初めは気が進まなかったが、途中でいろいろな物を見つけたり、いろいろな人に会ったりして楽しかったので、これからも時間があれば歩こうと思った。

Ⅱ (1) ① c　② d　③ b　④ b　⑤ a
　(2) ① ちがい　　② 疲れ　　③ 急ぎ・帰り

Ⅲ (1) a・d
　(2) ① 私は日本へ日本語の勉強に／日本語の勉強をしに行った。
　　　　私は日本へ日本語を勉強しに行った。
　　　　私は日本で日本語を勉強した。
　　　② 私は京都の古い建物の写真をとった／とりに行った。
　　　　私は京都へ古い建物の写真をとりに行った。
　　　　私は京都で古い建物の写真をとった。

【ポイント】　「公園で(する)」「公園へ(行く／来る)」「公園の(＝にある)」という違いを考えて、文を作りましょう。

(3) ① 今日アルバイトをした帰りに、スーパーへ買い物に行った。
　　② 毎日じゅぎょうの後は図書館で勉強することにしている。
　　③ 土曜日に友達の家へ遊びに行って、部屋でゲームをした。

Ⅳ (1) ① この薬を飲むと、目の疲れがとれました。
    ② 子供の遊びは自分の世界を広げるための学びだと言われる。
    ③ 親の思いが強く、大学に入れと言われたが、それでいいのかまよいが出てきた。

   【ポイント】動詞で終わる文を名詞にするには、文の終わりに「こと」や「の」をつけます。そして、「とき」など、ほかの名詞を使うこともあります。また、第1課のⅣ(1)と同じように、動詞を名詞にすれば、文が短く、わかりやすくなります。

   (2)（自由回答）

第3課　たべる

Ⅰ (1) ① 1 あさばん　2 きおん　3 へんか
    ② 4 忙しくても　5 簡単　6 えいよう　7 ならんで
    ③ 8 よろこぶ　9 姿　10 囲んで　11 むかしばなし
    ④ 12 準備　13 よなか　14 たんご　15 あさごはん
    ⑤ 16 けいき　17 変わって
   (2) ①～⑧：洗　囲　簡　変　姿　相　化　景
   (3) 　最近は家族のみんなが忙しくなり、子供も親もひとりで食事することが多くなった。そして、食事の時間を楽しみにしたり、家族が集まっていっしょにテーブルを囲んだりすることが少なくなった。また、スーパーやコンビニでは、栄養があって簡単に料理できる商品が買えるようになり、家族のことを考えながら、時間をかけて料理を作ることも少なくなった。時代が変わって、「家族の関係を強くする時間だ」と言われた食事の風景も、そして、家族の関係も変化してきているのだ。

Ⅱ (1) ① 1 b　2 c　② b　③ a　④ a　⑤ c
   (2) ① 今　② 止まる　③ おりる　④ 入れる　⑤ 出る　⑥ ひまな

Ⅲ (1) ① 重く　② 自由に　③ しずかに　④ うすく　⑤ 強く
   (2) ① 多く　② 簡単に　③ ねむそうな　④ うれしそうに　⑤ ように

   【ポイント】(1)(2)では、「形容詞（→副詞）＋動詞」の形に気をつけましょう。「い形容詞－い→く」「な形容詞－な→に」のとき、副詞になり、後ろの動詞（動作）がどんな様子で行われたか説明します。

   (3) ① 母から手紙を書くときはていねいに書けと言われた／手紙を書くときはていねいに書けと母から言われた。
    ② 休みの日は早くおきなくてもいいので、昼まで寝ていることが多い。
    ③ 天気が悪くならないうちに急いで山をおりた。

Ⅳ (1) [解答例]
    ① なつかしい風景はいろいろあるが、川で魚を取って遊ぶ子供たちの姿もそのひとつだ。
    ② 地下鉄の駅は多くの人であふれていた。その日はその近くで有名なまつりがあったようだ。

③ コンビニのたなにはいろいろな商品が並んでいる。そこからおいしそうなサンドイッチを選んだ。

【ポイント】 文の中に出てくる、「それ」「その＋名詞」「そこ」は、前の文で説明したことを表します。①の「そのひとつ」は、「なつかしい風景がいろいろある中のひとつ」という意味です。その点に注意して、文を考えましょう。

(2) [解答例]
　　最近は食事の時間を楽しみにしたり、家族でいっしょに食事をしたりすることが少なくなった。また、時間をかけて料理をすることも少なくなった。時代が変わって、食事の風景も家族の関係も変化してきているのだ。(98字)

第4課　たとえる

I (1) ① 1　ぶっか　　2　価値　　3　借りる
　　　 ② 4　みなさん　5　やくしょ　6　ふつう　7　はんこ
　　　 ③ 8　回る　　9　だれ　　10　てつだって
　　　 ④ 11　はたらき　12　続ける　13　面白く
　　　 ⑤ 14　にわ　　15　せまくて　16　ねこ　17　ひたい
(2) ①〜⑧：普　困　判　伝　借　宣　皆　働
(3) 　日本語のことわざやたとえには動物が出てくることが多い。たとえば、猫を使った「猫の手も借りたい」「猫の額」「猫に小判」などの言い方がある。ほかにも、犬、牛、馬など、人と昔からずっと生活をしてきた動物を使ってたとえて言う言い方やことわざがいろいろあって、長い間使い続けられている。それは、ことわざやたとえを使えば、面白く、簡単に意味が伝えられるからだと筆者は言っている。

II (1) ① a　② b　③ a　④ d　⑤ b
(2) [解答例]
　　① （遊び）疲れる　　（話し）疲れる　　（歩き）疲れる
　　② （走り）続ける　　（読み）続ける　　（笑い）続ける
　　③ （書き）始める　　（使い）始める　　（習い）始める
　　④ （食べ）終わる　　（言い）終わる　　（調べ）終わる
　　⑤ （見せ）合う　　　（助け）合う　　　（取り）合う

III (1) ① 広くて　② かなしくて　③ じょうずで　④ すずしくて
　　　 ⑤ じょうぶで
(2) ① やさしく　② 早く　③ ふかく　④ 元気で　⑤ 簡単に

【ポイント】 第3課のIII(1)(2)は、ひとつの文の中の「形容詞(→副詞)＋動詞」の形を練習しました。この課の(1)(2)では、「名詞＋形容詞」の文がふたつ並んでいるときの形を練習します。その場合、最初の文のい形容詞は「-くて」、な形容詞は「-で」の形になります。

(3) ① 最近は使い方が簡単で便利な商品がいろいろある。

② 学校の帰りに買い物に行ってほしいと母にたのまれた／母に学校の帰りに買い物に行ってほしいとたのまれた。
③ 目が回るほど忙しくてご飯を食べる時間もなかった。

Ⅳ (1) ［解答例］
① 日本料理はいろいろあります。その中でもてんぷらは外国人に人気があります。
② たとえたくさん時間があっても、それほど旅行ができるとは思えません。
③ 外国に行けば、誰でもなれないことや困ったことがあると思います。そんなときは、誰かに話してみることも大切です。

【ポイント】 第3課のⅣ(1)の【ポイント】を見てください。

(2) （自由回答）

第5課　あきれる

Ⅰ (1) ① 1 おとな　2 おとしより　3 けいたい　4 夢中　5 信じられない
② 6 静か　7 ぎょうぎ　8 列　9 並んで　10 りゅうがくせい
　11 ちがう
③ 12 みなさま　13 まんかい　14 ぎょうれつ
④ 15 眠る　16 ようす　17 誰

(2) ① 礼儀正しい　② 留学・途中　③ 価値

(3) 　筆者は、日本に来てから、電車の中でいろいろなことを見て、社会の様子を学んだ。日本人は親切で礼儀正しいと聞いていたが、本当にそうなのだろうかと、日本人の行動にあきれたり、おどろいたりしたこともある。しかし、筆者は困ったときに親切にしてもらったこともあるし、礼儀正しく行動する様子も見てきた。そして、今は自分で見たり聞いたりしたことをどうしてそうなのか、どうして違うのかと考えてみることが大切だと思っている。

Ⅱ (1) ① b　② a　③ c　④ b　⑤ c

(2) ① 口を(出す)　口に(出す)
② 目を(やる)　目が(回る)
③ 手を(止める)　手を(借りる)　手を(貸す)
　手に(する)　手に(入れる)

Ⅲ (1) ① お酒を飲んで眠っている会社員
② 毎日利用している電車
③ 私が日本の話を聞いたせんぱい

(2) ① 母が料理を作る姿
② 「顔を洗いなさい」と言う場面
③ 猫が昼寝をしている様子

(3) ① 猫にはお金の価値がわからないという意味
② 「猫の手も借りたい」ということわざ
③ さびしくてたまらないという気持ち

【ポイント】　日本語では名詞を説明するための文を名詞の前に置きます。そのとき、(1)は

文の中のひとつの名詞を説明する場合、(2)は名詞が表す意味について、具体的に何がどう行われるか／どうであるかを説明する場合、(3)は名詞が表す意味を具体的な内容で説明する場合です。

(4) ① アンさんは自分でかいたまんがを私に読ませてくれた。
② 父にしかられた妹は父の顔を見ようともしなかった。
③ 買ったばかりの携帯電話をどこかにおとしてしまった。

Ⅳ (1) ［解答例］
① 町の中で<u>ゲームをしながら歩いている人</u>を見て、あきれてしまった。
② 昔見たえいがの中で<u>家族がみんなで楽しそうに食事をする場面</u>を今もよくおぼえている。
③ 同じクラスのリサさんが<u>いっしょうけんめい漢字の練習をしている姿</u>を見て、<u>私もたくさんおぼえよう</u>という気持ちになった。

【ポイント】 Ⅲ(1)から(3)を参考に、自由に文を作りましょう。

(2) ［解答例］
筆者は、電車の中で日本の社会の様子を学んだ。日本人の行動にあきれたり、おどろいたりしたが、親切で礼儀正しい姿も見た。そして、自分で見たり聞いたりしたことを、どうしてかと考えることが大切だと言っている。(100字)

第1課～第5課 【ふくしゅう】

Ⅰ ① a ② b ③ a ④ c ⑤ c ⑥ d ⑦ d ⑧ a
Ⅱ ① に ② で・に・の ③ に・を・に ④ に・を・に ⑤ が・を
　 ⑥ に・に・が ⑦ に・を ⑧ が・に
Ⅲ ① 上げよう ② 見ている・なつかしくて ③ 食べさせて
　 ④ 学ぶ・言い ⑤ 歩かなく ⑥ すい・思えない ⑦ 紹介でき
　 ⑧ 心配しては／心配すると・かける
Ⅳ ① 見ないで ② ふられなくて ③ 寝ないで ④ 洗わないで
　 ⑤ 話せなくて ⑥ 聞こえなくて ⑦ 行かないで ⑧ なくて

第6課 つたえる

Ⅰ (1) ① 1 けいご 2 間違えない 3 ひっし
　　　② 4 とっきゅうけん 5 けんばいき 6 払って 7 若い
　　　③ 8 投書 9 ようてん 10 残業 11 がまん
　　　④ 12 せかいじゅう 13 うんめい 14 感じて
　　　⑤ 15 のこし 16 はなれた
(2) ① 特急 ② 命令 ③ 投書
(3) 　生活をしている中で、言葉の使い方は間違っていないのに、命令されているように感じることがある。また、命令や禁止の文でも、相手への思いやりが伝わることもある。相手がどう思うかを考えながら、自分が考えていることを伝えるのは難しい。だから、文法や漢字、言葉の意味を学ぶことも大切だが、相手の気持ちを考えた言葉の

使い方も学ぶ必要があるのではないかと筆者は考えている。

Ⅱ (1) ① d ② a ③ d ④ c ⑤ b
  (2) [解答例]
   ① (市)内　(室)内　(国)内
   ② (国)外　(室)外　(市)外
   ③ (会社)員　(駅)員　(店)員
   ④ (特別)料金　(特急)料金　(普通)料金
   ⑤ (特急)券　(乗車)券　(商品)券
Ⅲ (1) ① 仕事の忙しさ　② 日本人の親切さ　③ 携帯電話の便利さ
  (2) ① 言葉の伝わり方　② 電車の乗り方　③ 子供との話し方

【ポイント】　形容詞の文、動詞の文を「名詞の名詞」の形にする練習です。

  (3) ① 料理を作るといっても、週末の夕食だけだ。
   ② 「～なさい」と言っても、母の言葉からはやさしさが伝わる。
   ③ 「いただきます」とも言わずに、すわってすぐに食べ始めるものではない／
    すわってすぐに「いただきます」とも言わずに食べ始めるものではない。
Ⅳ (1) ① 先生にレポートの書き方を質問しました。
   ② 日本に来たばかりのころはごみのすて方がわかりませんでした。
   ③ 会社でせんぱいから電話の受け方に気をつけろと言われました。
  (2) (自由回答)

第7課　かざる

Ⅰ (1) ① 1 突然　2 しかい　3 ぜんしん　4 はんだん
   ② 5 負けた　6 たいりょく　7 きりょく
   ③ 8 めいし　9 しんらい　10 にんげん　11 決めず　12 たしかめる
   ④ 13 しゅうきゅうみっか　14 せいど　15 えいきょう　16 あらわれて
  (2) ① 会：あう　かいわ　おんがくかい　かいしゃ
   ② 学：まなぶ　りゅうがく　しんがく　がっこう
   ③ 通：かよう　つうがく　ふつう　こうつう

【ポイント】　音読みとくん読みを覚えましょう。

  (3) 　よく「外見より中身」と言われるが、外見で人を判断することも多い。それで、人に良く見られようと手術や化粧などいろいろなことをする。また、制服で学校を決めたり、肩書を大切にしたりする。筆者は、外見をかざることも大切だが、中身がなければ何にもならないので、外見を良くすると同時に、中身を良くする努力が必要だと言っている。
Ⅱ (1) ① b ② c ③ b ④ a ⑤ b
  (2) ① おおごえ　② かたがき　③ くちぐち　④ しんぱい
   ⑤ ならいごと
Ⅲ (1) ① かけて　② 着て　③ 離れて　④ 入れて　⑤ すかせて
  (2) ① 声を上げて　② 困った顔をして　③ 下を向いて

【ポイント】 「動詞＋動詞」のように、ふたつの動詞が並んでいるとき、前の動詞が後ろの動詞(動作)がどのように行われるか、または行われたか説明している場合があります。そのとき、前の動詞は「て」形になります。

(3) ① いすにすわって本を読んでいる人はチンさんだ。
② ごみをすてるときは、ふくろに入れてすててください。
③ 名前を書かずにテストを出したので、0点になった。

Ⅳ (1) ① 話せるようになってほしいという親の思いから、子供たちは英語を学ぶ。
② これは売れるという部長の判断から、宣伝にお金をかけることにした。
③ 人と話すのがへただという自分自身の思い込みから、今まで人と話すのが好きではなかった。

【ポイント】 動詞を名詞にして、文を短くする練習です。

(2) ［解答例］
よく「外見より中身」と言われるが、外見で人を判断することも多く、人に良く見られようと努力する。しかし、筆者は、中身がなければ何にもならないので、外見と同時に中身を良くする努力が必要だと言っている。(98字)

第8課　おもいこむ

Ⅰ (1) ① 1 ちょうなん　2 当たり前　3 くちぐせ　4 思い込んで
② 5 むすめ　6 とくい　7 えがいて　8 共有　9 仲間
③ 10 個性　11 理解　12 もとめて　13 きょうかん
④ 14 じなん　15 派手
(2) ① 残:（ざんぎょう）　（のこす）
② 進:（しんがく）　（すすまなかった）
③ 当:（けんとう）　（あたりまえ）
(3) 筆者は知らず知らずのうちに、男女の区別を教えられて育った。それで、子供のころから、赤やピンクは「女の色」だと思っていた。また、派手な色の服を身につけただけで仲間に「男のくせに」とからかわれたこともある。今の時代は、個性を大切にし、服などのデザインに男女の区別はなくなってきているように見える。しかし、筆者はほかにも当たり前だと思い込んでいることがたくさんあるだろうと言っている。

Ⅱ (1) ① d　② c　③ b　④ d　⑤ a
(2) ① 地味な　② 心配する　③ 手を借りる　④ 禁止する　⑤ やめる
⑥ 中身

Ⅲ (1) ① 出席すると　② わすれないように　③ 行こうと
④ 出してくるように　⑤ しようと
(2) ① 先生は学生にあしたは早く学校へ来てほしいと伝えました。
先生は学生にあしたは早く学校へ来るように伝えました。
② 母は私に夜は早く寝て、体に気をつけなさいと言いました。
母は私に夜は早く寝て、体に気をつけるように言いました。

③ 父は医者に<u>あまりお酒を飲んではいけない</u>と注意されました。
父は医者に<u>あまりお酒を飲まない</u>ように注意されました。

【ポイント】 ほかの人が話したことをそのまま伝えるときは、「　」の中に書きます。ほかの人が伝えようとした内容だけを伝えるときは「　」をつけません。また、命令や禁止の意味を伝えるときは、「～ように」を使います。

(3) ① 夏休みに国へ帰って、車のめんきょしょうを取ろうと思っている。
② リサさんを映画にさそったが、時間がないと言われた。
③ 今日は家族みんなで食事に行くので、早く帰ってくるように言われた。

Ⅳ (1) ① あした<u>集まる場所</u>を知っていますか。
② きのうのかいぎで<u>決まったこと</u>をみんなに知らせました。
③ <u>進学したくない理由</u>を話してください。

【ポイント】 質問の形の文を短くして、同じ意味の別の語で伝える形を練習します。

(2)（自由回答）

第9課　まもる

Ⅰ (1) ① 1　せかいいさん　　2　しゅうきょう　　3　たいりつ　　4　がいこくせき
② 5　たこう　　6　しんにん　　7　とくぎ　　8　ねんれい
③ 9　ざいさん　　10　よきん　　11　投資　　12　しさん　　13　管理
14　さんこう　　15　しりょう
(2) ① きょう　② おとな　③ けさ　④ とけい　⑤ へや　⑥ けしき

【ポイント】 ①～⑥の語は1字1字の漢字の読み方とは違う特別な読み方の語です。

(3)　何かを売ったり、宣伝したりするための電話がかかってくることがある。これは、名前や電話番号などの情報が知られているからだろう。安全に管理されているはずの情報がもれ、悪用されることもある。今は、インターネットを使って誰でも多くの情報を手に入れたり、やり取りしたりできる時代だ。筆者は、情報が悪用されないように自分の責任で個人情報を守ることが大切だと言っている。

Ⅱ (1) ① a　② c　③ b　④ c　⑤ d
(2) ① に対して　② として　③ によって　④ について　⑤ にとって

Ⅲ (1) ① <u>紙は</u>木から作ります。
② <u>本は</u>つくえの上にあります。
③ (私は)<u>友達とは</u>金曜日の夜、会います。
(2) ① 九州・仕事　② ひとりで旅行する・ヨーロッパ　③ 入院(した)

【ポイント】 話す人と聞く人の間で、何について話しているかをはっきり表したいとき、文の一番前で「～は」「～なら」「～なんて」「～といっても」などの語や表現を使って、表します。

(3) ① 外でならかまいませんが、ここではたばこはすわないでください。

② 1週間何も食べずにいるなんて、できるはずがない。
   ③ 漢字をおぼえればおぼえるほど文を読むのが楽になる。
Ⅳ (1) ① 大学の入学試験を受けるのに<u>かかる費用を</u>せんぱいに聞いた。
   ② インターネットでの<u>船のきっぷの買い方</u>を友達に聞いた。
   ③ 多くの個人情報を<u>悪用しようとした人を／について</u>けいさつが調べている。

【ポイント】 第8課のⅣ(1)と同じように、質問の形の文を短くして、同じ意味の別の語で伝える形を練習します。

(2) ［解答例］
　　筆者は、今はインターネットを使って誰でも多くの情報を手に入れたり、やり取りしたりできる時代だが、個人情報がもれ、悪用されることもあるので、自分の責任で情報を守ることが大切だと言っている。(93字)

第10課　なれる

Ⅰ (1) ① 1　してん　　2　主人　　3　慣れず　　4　ふあん
   ② 5　亡くなった　　6　かたりかけてくる　　7　不思議
   ③ 8　ふりまわされ　　9　追われ　　10　よゆう
   ④ 11　よけい　　12　ちょうみりょう　　13　したく
   ⑤ 14　うで　　15　定年　　16　ゆいいつ
(2) ① 中　　② 振って　　③ 初めて
(3) 　筆者はご主人が事故で亡くなってから時計を使わなくなった。初めは不便だったが、だんだん気持ちに余裕が持てるようになり、時間が気になっていらいらすることもなくなった。不思議なことに、家の中でも時計を見ずに、だいたいの見当をつけて、時間に追われない生活ができるようになった。そして、いなかに行って余裕のある生活がしたいと言っていたご主人に、いなかに行かなくても、慣れれば時間に追われない生活ができると伝えたいと言っている。

Ⅱ (1) ① d　② b　③ c　④ c
(2) ① 変化する　② 時には　③ 理由　④ 外出する　⑤ 唯一
   ⑥ 理解する

Ⅲ (1) ① 私がアルバイトをするのは水曜日と土曜日です。
   ② 父が初めてさくらの花を見たのは日本です。
   ③ 妹が東京へ会いに行ったのは学生時代の友達です。

【ポイント】 「～のは～です(だ)」という文で、一番伝えたい情報を「は」の後ろで伝えます。

(2) ① せっかく友達がまんがを貸してくれたのに、私は時間がなくて読めない。
   ② 母が医者にねつが出た原因をたずねたところ、医者は「働きすぎだ」と言った。
   ③ 子供たちが大声でさわぐたびに、母親はおかしを食べさせた。

【ポイント】 ふたつの文を合わせて、ひとつの文にする練習です。「は」と「が」の使い方に気をつけましょう。

(3) ① 日本料理が好きだからといって、毎日食べるわけではない。
    ② 開発が進むにつれて、交通が便利になり、人も増えた。
    ③ 運動したら、体の調子が良くなるどころか、かえって腰が痛くなった。

Ⅳ (1) ① クラスで誰が一番歌が上手か(を)知っていますか。
    ② 学生時代に何が一番思い出に残ったか(を／について)話してください。
    ③ 今まで旅行してどこが一番景色が良かったか(を)教えてください。

【ポイント】 第8課、第9課のⅣ(1)とは反対に、質問の文の形を作る練習です。

(2) (自由回答)

第6課～第10課 【ふくしゅう】

Ⅰ ① b ② a ③ a ④ c ⑤ b ⑥ c ⑦ c ⑧ c
Ⅱ ① を・に ② に・に・を ③ に・を ④ で・を ⑤ に・に・が
  ⑥ の・を・を
Ⅲ ① もれた・聞け・聞く ② 助け ③ やめさせられる・納得できない
  ④ 決めず ⑤ 見る ⑥ 知られる ⑦ 信じる ⑧ 買おう
Ⅳ ① もの ② わけ ③ はず ④ つもり ⑤ こと ⑥ もの
  ⑦ こと ⑧ こと ⑨ もの ⑩ ところ ⑪ もの ⑫ わけ

第11課 つながる

Ⅰ (1) ① 1 じょうし 2 ぶか 3 きびしい 4 平等 5 あつかって
    ② 6 はいこう 7 反対 8 そんぞく
    ③ 9 かわす 10 おたがい 11 映画 12 しぜん
    ④ 13 かんげいかい 14 役割 15 確認 16 得なく
  (2) ①〔前後〕(ぜんご) ②〔大小〕(だいしょう)
    ③〔男女〕(だんじょ) ④〔終始〕(しゅうし)
    ⑤〔左右〕(さゆう) ⑥〔南北〕(なんぼく)

【ポイント】 一つひとつの漢字を音読みにします。

(3) 今は、自由で平等なヨコのつながりを大切にする時代になった。これまでのタテ社会では上に立つ者には下の者を一人前に育てるという責任と役割があり、下の者もそれを理解し、その関係を受け入れた。そして、お互いが信頼し合える人間関係が築かれた。しかし、ヨコ社会にはそのような責任や役割はなく、無責任な人間関係しか育たないという意見がある。筆者は、ヨコのつながりが大切にされるようになった今、「タテ社会」にあった大切なものが失われつつあるのではないかと感じている。

Ⅱ (1) ① b ② c ③ d ④ a ⑤ c
  (2) ① やさしい ② 部下 ③ 原因 ④ 便利な ⑤ 他人 ⑥ 生まれる
Ⅲ (1) ① なる ② なった ③ 教えてくれた ④ 動かなくなる ⑤ 入れた
    ⑥ なったものだ ⑦ するものだ ⑧ 話すことだ

【ポイント】 実際に自分が経験したことと、一般的に考えられることを区別して表現しましょう。動詞の形に気をつけてください。

(2) ① 毎日朝食をとるが、今朝は水さえ飲めなかった。
　　② 用事があるときはれんらくをした上で来てください。
　　③ 雨が降りそうだったのに、かさを持たずに学校へ来てしまった／学校へかさを持たずに来てしまった。

Ⅳ (1) ① インターネットで調べると、安いホテルが見つかりますよ。
　　② ええ、ちこくをすると、試験が受けられませんから、気をつけてください。
　　③ ええ、家から40分歩いて学校へ通うと、やせられますよ。

【ポイント】　実際に自分が経験したことは、ほかの人も同じようにできると言いたいとき、「～ば／たら／と、～(よ)」の言い方で伝えます。

(2) ［解答例］
　　以前の厳しい上下関係の社会には、上の者が下の者を育てるという責任と役割があり、信頼関係が築かれていた。今は自由で平等な時代になったが、筆者は大切なものが失われつつあるのではないかと感じている。(96字)

第12課　わける

Ⅰ (1) ① 1 性格　　2 つめたい　　3 印象　　4 与える　　5 付き合って
　　　　 6 じつは
　　② 7 はんぶん　　8 反論　　9 傾向　　10 きゃっかんてき　　11 れいせい
　　③ 12 たいしょうてき　　13 理科　　14 かもく　　15 たいさく
(2) ① 〔長〕〔張〕(ちょう)　　② 〔館〕〔管〕(かん)　　③ 〔令〕〔冷〕(れい)

【ポイント】　ふたつの漢字の中に、同じ形の部分があれば、読み方も同じになることが多いです。

(3)　血液型を使って人の性格をタイプに分けて考えることがある。これは人気があって、多くの人に信じられている。しかし、科学的な根拠がないという反論もある。血液型についての意見は人によって様々だ。ほかにも、人の性格や行動を区別する方法はたくさんある。血液型などを参考にして、自分の周りの人をいくつかのタイプに分けてみようとする人が多いのは、相手のタイプを知った上で、安心して付き合おうとするからだと筆者は考えている。

Ⅱ (1) ① c　② a　③ b　④ b　⑤ a
(2) ① 〔いち〕〔けん〕(いっけん)　　② 〔けつ〕〔か〕(けっか)
　　③ 〔しゅつ〕〔ちょう〕(しゅっちょう)　　④ 〔とく〕〔きゅう〕(とっきゅう)
　　⑤ 〔きゃく〕〔かん〕(きゃっかん)

Ⅲ (1) ① 聞いています　　② いやがる　　③ 運転する　　④ 反論される
　　⑤ している　　⑥ 通っている

【ポイント】　実際に起こったことを見たり、聞いたりして、それを伝える場合と一般的に考えられることを区別して表現しましょう。動詞の形に気をつけてください。

(2) ① 多くの人に正しいとされていることでも正しくないことはある。
　　② 子供たちは日によって食べたがる物が違うので、晩ご飯に何を作ればいいかわからなくなる。
　　③ 料理を作っているうちに、だんだんうまくなってきた。

Ⅳ (1) ① AB型は、物事の全体を客観的に考える傾向がある。
　　② 人間は、外見によって影響を受ける傾向がある。
　　③ 今の時代は、自由で平等な人間関係を大切にする傾向がある。

【ポイント】「A型の多くは～から行動している」という文は、話している人が実際に起こったことを見たり、聞いたりして伝える言い方です。また、「～傾向がある」という文は、見たり、聞いたりしたことを一般化して伝える文です。

(2)（自由回答）

第13課　おもいだす

Ⅰ (1) ① 1　ひ　　2　焼けた　　3　うんどう　　4　汗
　　② 5　きこく　　6　じたく　　7　庭　　8　夕涼み　　9　いっしゅん
　　③ 10　いっしょ　　11　打ち上げ　　12　呼び出された
　　④ 13　かわいて　　14　じゅうたく　　15　ほうか　　16　おどろいた
　　⑤ 17　しめい　　18　ひやあせ　　19　おぼえて
(2) ①〔交〕〔校〕（こう）　②〔反〕〔飯〕（はん）　③〔儀〕〔議〕（ぎ）

【ポイント】第12課のⅠ(2)の【ポイント】を見てください。

(3)　筆者は父のことを思い出すときに「昼のにおい」を連想する。それは、筆者が子供のころ、夏の夕方、父に庭仕事を手伝わされたときや、手伝いのあとで父が庭で花火をさせてくれたときにするにおいだ。今でも筆者は子供たちと花火をしながら、庭仕事が終わったときのうれしい気持ちや、花火が終わったときのさびしい気持ちを「昼のにおい」と一緒に思い出している。そして、子供たちにはどんな思い出が残るのだろうかと考えている。

Ⅱ (1) ① b　② c　③ d　④ d　⑤ a
(2) ① （取り）出す　　（連れ）出す　　（引き）出す
　　② （乾き）切る　　（疲れ）切る　　（言い）切る
　　③ （思い）込む　　（引っ）込む　　（呼び）込む
　　④ （語り）かける　　（話し）かける　　（笑い）かける
　　⑤ （打ち）上げる　　（持ち）上げる　　（引き）上げる

Ⅲ (1) ① 懐かしくなる　② 楽しい　③ わからなくなる　④ わからない
　　⑤ 増えた　⑥ 変わってきた　⑦ へった
(2) ① 朝、ネクタイをしめたままの姿で寝ている夫を見てびっくりした。
　　② 時間に厳しい中川部長のことだから、毎朝早く来ているはずだ。
　　③ 突然の入院をきっかけに今までの生活を考えてみた。

【ポイント】ある時点の気持ちや状態を説明している文と、ある期間の中で気持ちや状態

が変化することを説明している文を区別しましょう。動詞の形に気をつけてください。

Ⅳ (1) ① ちょっと寒気がします。ねつが<u>出てきた</u>ようです。
　　② 工事が終わって、駅前を通ることが<u>できるようになった</u>。
　　③ 料理を勉強し、自分の店を作り、その店を<u>増やしていく</u>のがゆめです。
　　④ 辺りが暗くなり、冷たい風が<u>ふいてきたら</u>、天気の急な変化に気をつけてください。
　　⑤ 町に若い人が<u>いなくなり</u>、昔から続くまつりを<u>伝えていく</u>ことが<u>難しくなった／なってきた</u>。
(2) [解答例]
　　　筆者は父を思い出すとき「昼のにおい」を連想する。それは、庭仕事の後のうれしい瞬間や花火が終わったさびしい一瞬を感じさせるにおいだ。筆者は今、花火をする自分の子供たちにどんな思い出が残るかと考えている。(100字)

第14課　みなおす

Ⅰ (1) ① 1　しんぽ　　2　よち　　3　きたい
　　② 4　かんさつ　　5　次第　　6　つくれる　　7　欠かせない
　　③ 8　かくじ　　9　みなおし　　10　にちじょう　　11　せつでん
　　④ 12　季節　　13　はれた　　14　命　　15　落とした
(2) ① 〔観察〕(かんさつ)　　② 〔変化〕(へんか)
　　③ 〔解放〕(かいほう)　　④ 〔法則〕(ほうそく)
　　⑤ 〔時期〕(じき)　　　　⑥ 〔思想〕(しそう)
(3) 　天気や季節の変化は人間の生活に大きな影響を与える。人間は自然を観察し、その法則を知って自然と調和して生きようとしてきた。コンピュータによって天気予報は正確になり、今は毎日の生活になくてはならないものになった。しかし、そのような努力にもかかわらず、人間が自然の法則を無視し、その姿を変え、よごし続けた結果、異常気象が起こるようになった。筆者は、異常気象は人間に「今のあり方を見直せ」という自然の声ではないかと言っている。

Ⅱ (1) ① d　② b　③ a　④ a　⑤ a
(2) ① 取り(立てる)　取り(上げる)　取り(かかる)
　　② 引き(出す)　引き(起こす)　引っ(こす)
　　③ (見)直す　(書き)直す　(言い)直す

Ⅲ (1) ① 見えます　② 借りられる　③ 起きる　④ 受け入れられない
　　⑤ 飲んだ

【ポイント】　ある条件の下で可能になることと、実際に行う／行ったことを区別して表現しましょう。動詞の形に気をつけてください。

(2) ① インターネットを利用する上で個人情報を守ることは大切なことだ／大切なことは個人情報を守ることだ。
　　② 時代の変化とともに生活のし方も変わっていく。
　　③ 時間をかけてやったにもかかわらず、宿題の紙がなくなってしまった。

Ⅳ (1) ① 父親は<u>ねだんが安ければ</u>新しいコンピュータを買ってもいいが、<u>高かったら買わない</u>と言っている。
　　　② ロンさんは<u>性格が良ければ</u>こいびととして付き合えるが、<u>悪かったら付き合えない</u>と思っている。
　　　③ 中田さんは<u>宣伝をうまくやれば</u>この商品は売れるが、<u>うまくできなければ売れない</u>と考えている。

　【ポイント】　「〜次第だ」という言い方で伝えたいことを別の言い方で表現してみましょう。ひとつの言い方でうまく伝えられないときに、ほかの言い方で説明することは実際のコミュニケーションに必要なことです。

　(2) （自由回答）

第15課　ふれあう

Ⅰ (1) ① 1 ちょめい　　2 講演　　3 ほうとう　　4 はくしゅ
　　　② 5 留学　　6 どくがく　　7 恥ずかしかった
　　　③ 8 つめあわせ　　9 そえて
　　　④ 10 依頼　　11 しめきり　　12 しんらい
　　　⑤ 13 なにげなく　　14 閉じて　　15 だまって　　16 かたむけて
　(2) ① 〔準備〕（じゅんび）　　② 〔清潔〕（せいけつ）
　　　③ 〔技術〕（ぎじゅつ）　　④ 〔存在〕（そんざい）
　　　⑤ 〔便利〕（べんり）　　⑥ 〔簡単〕（かんたん）
　(3) 　筆者は、世界中を旅行してベストセラーを書いた人の講演会へ行った。その人はどこにも独特のにおいがあると感じていたが、インドを旅行していたときに、ある若者から「日本にもにおいがある」と言われた。清潔な日本でにおいなどするわけがないと思っていたので、ショックだったそうだ。インドの若者に「あなたもくさい」と言われた経験から、ベストセラーを書いた人は講演会の最後に「自分のことをよく知らなければ、相手がわかったり、ものが見えたりしないのではないか」と、伝えた。

Ⅱ (1) ① c　② c　③ c　④ c　⑤ d
　(2) ① 合う　② つく　③ 強い　　※①〜③はどの順番でもいいです。
　　　④ 入る　⑤ かかる　⑥ する　　※④〜⑥はどの順番でもいいです。

Ⅲ (1) ① 印象を受けた　② 昼のにおいだ　③ 親としての責任だ
　　　④ 作れる　⑤ 行動している　⑥ だった　⑦ 知ることだ
　　　⑥ まけてしまった

　【ポイント】　文を名詞で終わるか、動詞で終わるかを区別しましょう。主語(誰が／何が)と述語(何をした・何だ／どうだ)の関係を考えてください。

　(2) ① 相手を信頼することは人間関係を築く上で大切なことだ／人間関係を築く上で大切なことは相手を信頼することだ。
　　　② 私が恥ずかしかったことは自分の国のことを知らなかったことだ。
　　　③ 台所に立ったことがない父が自分で食事を作るわけがない。

Ⅳ (1) ① 父の口癖は、若いうちは良く学び、良く遊べというものだった。
② 上司に対する部下の反論は、自然と調和するよう、建物のデザインを見直すべきだというものだった。
③ 講演を聞いた私の理解は、相手の文化を知るとともに自分の文化も知るべきだというものだった。
④ 研究者たちの予測は、2100年ごろの地球の気温は、何も対策を立てなければ、今より5度近く上がるというものだった。
⑤ 海外の仕事相手からの依頼は、商品の管理について教えてほしいというものだった。

【ポイント】 「講演者は〜と話した」は動詞で終わる文で、「講演者の話は〜というものだった」は名詞で終わる文です。

(2) ［解答例］
　　筆者は講演会で世界を旅して本を書いた人の話を聞いた。その人はインドの若者に「あなたはくさい」と言われてショックを受けた経験を話し、自分を知らなければ相手もほかのものも正しく見ることができないと伝えた。(100字)

第11課〜第15課 【ふくしゅう】

Ⅰ ① d ② b ③ c ④ a ⑤ d ⑥ d ⑦ c ⑧ c
Ⅱ ① を・に ② を・に・が・の ③ と・を・へ／に ④ を・に
　 ⑤ を・に／が・で ⑥ を・に ⑦ に・を
Ⅲ ① 失われ ② 言わせる・合わせ ③ もらった ④ される ⑤ いじめる
　 ⑥ 話した ⑦ する ⑧ 読めない
Ⅳ ① 次第 ② こと ③ こと・はず／わけ ④ だけ ⑤ べき・わけ
　 ⑥ はず ⑦ わけ／はず ⑧ べき

第16課　うたう

Ⅰ (1) ① 1 えいぞう　2 浮かんで
　　　② 3 どうわ　4 つみ　5 さそう　6 ゆめ
　　　③ 7 そうきん　8 たよらず　9 ちから
　　　④ 10 沈む　11 浜　12 あみ　13 描いた
　　　⑤ 14 いわいごと　15 参加　16 苦手
　(2) ① 〔投資〕（とうし）　② 〔帰宅〕（きたく）
　　　③ 〔安心〕（あんしん）　④ 〔拍手〕（はくしゅ）
　　　⑤ 〔預金〕（よきん）　⑥ 〔発音〕（はつおん）
　(3) 　歌が苦手な筆者は、集まりなどでどうしてもと言われたら、童謡を歌う。童謡は年代の違う人たちでも知っていて一緒に歌うことができる。筆者は一緒に歌う若い人たちの表情を見て、それぞれ違う思いを持っていても声を合わせて歌えることを知って、歌には不思議な力があると思った。昔から人々は祝いの席で歌を歌って、喜びを分かち合い、仕事の場でも歌を歌ってはげまし合った。そして、今も若い人たちがよく歌を歌いに行くのは歌の力があるからだと筆者は思っている。

Ⅱ (1) ① b　② b　③ a　④ c　⑤ d
　(2) ［解答例］
　　　① 人が独特な性格や体の形などを生まれたときから持っているという意味です。
　　　② 昔から歌われている子供のための歌です。
　　　③ 頭の中で、ある人や物や場面を考えてみることです。

【ポイント】　辞書の説明をそのまま書くのではなく、自分で説明の文(定義)を考えてみましょう。

Ⅲ (1) ① 思っている　② たまらない　③ ほしいようだ　④ ものだ
　　　⑤ そうだ

【ポイント】　自分の気持ちを表すときと、ほかの人の気持ちを説明するときは違った表現になります。ほかの人の気持ちは、「～ようだ／～らしい」(推量) や「～そうだ／～と言っている」(伝聞) などの言い方で表します。

　(2) ① 時間がなくていらいらしていたものだから、つい大声で部下をしかってしまった。
　　　② そばは家族みんなで食事をしたがっているに違いない。
　　　③ じゅぎょうのとき、口を開けて寝ているところを写真にとられて、みんなに笑われた。

Ⅳ (1) ［解答例］
　　　① レオさんにとってこいびとの帰国はショックだったらしく、できるだけ連絡を取ろうと、毎日インターネットでやり取りしている。
　　　② 林さんにとって部下が会社をやめた理由はショックだったらしく、できるだけ部下の話を聞こうと、よく食事に誘っている。
　　　③ 田中さんにとって同じ年の友達の死はショックだったらしく、自分も時間を大切にして、何か人の役に立とうと、近所のお年寄りの手伝いを始めた。

【ポイント】　「○○さんにとって～はショックだったらしく」は話す(書く)人が「○○さん」の気持ちを考えて説明している部分で、「～うと」は「○○さん」がそのような目的を持っていることを表し、「～ている／た」はその目的のため、「○○さん」がやっていることを話す(書く)人が客観的に説明している部分です。

　(2) (自由回答)

第17課　なおす

Ⅰ (1) ① 1 経済　2 ちあん　3 じょうたい
　　　② 4 きゅうかん　5 救う　6 いりょう　7 器具
　　　③ 8 ちょうじゅ　9 めざして　10 ちりょう　11 かいご
　　　④ 12 ふけんこう　13 くるしみ　14 じゅみょう　15 あきらか
　　　⑤ 16 ぎせい　17 戻って
　(2) ① 〔患者〕(かんじゃ)　② 〔口癖〕(くちぐせ)
　　　③ 〔血液〕(けつえき)　④ 〔反論〕(はんろん)
　　　⑤ 〔他人〕(たにん)　⑥ 〔個性〕(こせい)

(3)　医療が進歩し、助からなかった命が救えるようになり、高齢化が進んできた。医療とは本来、患者の苦しみを和らげ、健康的に生きる寿命を伸ばすためのものだが、医療の進歩の結果、命を長くするだけの治療が行われ、問題になっている。植物状態の人の世話をするために、周りの人が犠牲を払わなければならないことも多くなってきた今、筆者は命を生かすとか、人が生きるとはどういうことかと、問い直す必要があると言っている。

II (1) ① c　② c　③ c　④ a
(2) ① はっきり（と）　② いろいろな　③ 家へ帰る　④ きれいな
　　⑤ 当たり前　⑥ お年寄り

III (1) ① 習わせたい　② させてほしい　③ 頼まれて・手伝ってあげた
　　④ 付き合って・してあげた　⑤ させられた

【ポイント】　使役、受身、使役受身の文では、「誰が何をする／したか」そして、「誰がその影響を受けたか」を考える必要があります。主語と述語の関係に気をつけましょう。

(2) ① ルールが守れないようでは、大人とは言えない。
② 上司に誘われたら行かないわけにはいかないが、やくそくがあったので、部下に行かせた。
③ カラオケには歓迎会で行ったきり／歓迎会で行ったきり、カラオケには一度も行っていない。

IV (1) ① 私はけんかで友達にけがをさせて、先生にしかられた。
② 医者は患者に「治療をやめて」と言われて、医療のあり方を考えさせられた。
③ 歌の力はみんなの心を和ませ、その場をひとつにする。

【ポイント】　ふたつの文を合わせてひとつにするとき、ひとりの人を主語に決めて、その人が何をしたか、ほかの人からどんな影響を受けたかを使役、受身、使役受身などを使って伝えると、わかりやすくなります。

(2)［解答例］
　　医療が進歩したおかげで寿命が長くなった。しかし、健康的に生きる寿命を延ばすのではなく、命を長くするだけの治療が行われ、問題になっている。命を生かすとか人が生きるとはどういうことか問い直す必要がある。(99字)

第18課　はなれる

I (1) ① 1 なつまつり　2 けそう　3 いきおい　4 手遅れ
② 5 むら　6 ぎょそん　7 押し寄せ　8 お年寄り　9 ちいき
③ 10 政府　11 かそ　12 しちょうそん　13 しゅうしょく
　　14 しえん　15 現状　16 調査　17 とうけい
(2) たて：宣伝・伝統　よこ：伝言
　　たて：就職・職業　よこ：退職
(3)　農村も漁村も過疎化が進んでおり、そこで生まれた人も都会で家族を持ち、ふるさとには戻らない。残されたお年寄りも寂しそうにしている。政府は地方自治体を活性

化させるために支援しようと様々な対策を立てている。しかし、そうした努力にもかかわらず、過疎化を止めるのは簡単ではない。少子高齢化の影響で、村が消えてしまう恐れもある中で、過疎化の現状調査をしている筆者は、自分の仕事が少しでも支援の役に立たないかと考えている。

II (1) ① a　② b　③ b　④ c　⑤ d
(2) ① 出す／利く　② 出す／する　③ する　④ 入れる／する／おえない
　　⑤ 止める／借りる／貸す／打つ　⑥ かしげる／長くする
　　⑦ 合わせる／そろえる　⑧ 上げる／下ろす　⑨ 傾ける

III (1) ① 使っている　② した　③ きた　④ 始めた・言っていた
　　⑤ やった　⑥ 言われた　⑦ 聞かれる
(2) ① 重い病気の子供の世話をするのはつらくてならない。
② パスポートがないことには海外旅行はできない。
③ 朝コーヒーを飲んだきり、忙しくて何も食べていない。／忙しくて、朝コーヒーを飲んだきり、何も食べていない。

【ポイント】「〜る」「〜た」「〜ている」「〜ていた」の違いに気をつけて、文の意味を考えてみましょう。

IV (1) ① 家族には患者が健康で元と変わらぬ生活ができるようにという思いがある。
② 父には自分で体を動かせないなら生きているとは言えないという考えがある。
③ 親には子供が健康でじょうぶに育ってほしいという願いがある。
(2) （自由回答）

【ポイント】「人々は〜と恐れている」は「人々が〜ている」と人々が行っていることを説明している文で、「人々には〜という恐れがある」は「〜に(は)〜がある」の形で「人々(の心)に〜が存在する」という状態を表す文です。

第19課　かなえる

I (1) ① 1 貧しく　2 恵まれた　3 きょういく　4 かんきょう　5 素直
　　　 6 熱心
② 7 せっけい　8 しせつ　9 あんない　10 せつび　11 きのう
③ 12 そだてる　13 差し伸べよう　14 じちたい　15 こうりゅうかい
　　　16 じっし
(2) たて：熱心　よこ：安心・心配
　　たて：将来　よこ：未来・来月
(3) 　留学生との交流会で、日本の子供たちと留学生の育った地域の子供たちは「夢が違う」という話を聞いた。貧しい地域の子供たちは「実現しない」と知っていても、明るく生きるために夢を持つ。留学生の話を聞いて、筆者はこれまで旅行した地域で見た子供たちの明るい笑顔を思い出した。それは日本の子供たちが決して見せない表情だった。そして、その笑顔に隠された貧しさについて真剣に考えてほしいという留学生の訴えに胸が痛んだ。

Ⅱ　(1)　①　d　　②　b　　③　a
　　(2)　①　表面的・具体的・物質的　　②　過疎化・少子高齢化・活性化
　　　　③　可能性・安全性・社会性　　　④　無関心・無責任・無意識
　　　　⑤　不可能・不自然・不健康
Ⅲ　(1)　①　したからだ　　②　はずがない　　③　わけにはいかない　　④　わけではない
　　　　⑤　ほめられてうれしい　　⑥　してしまった　　⑦　買ってしまった

【ポイント】　「原因・理由」と「結果」を表す文です。文の最後の形に気をつけましょう。

　　(2)　①　過疎が進んだことから、村では学校を減らすことにした。
　　　　②　実現するかどうかはともかく、夢を持つのは良いことだ。
　　　　③　母が元気にならないものかと毎日いのっている。
Ⅳ　(1)　①　たばこをやめれば、健康になれるはずだ。
　　　　②　料理がじょうずなら、料理が好きなはずだ。
　　　　③　勉強すれば、かならず100点が取れるはずだ。

【ポイント】　「～からといって、～わけではない」とは反対の意味を表す表現「～ば、～はずだ」に言い換えましょう。

　　(2)　留学生との交流会で、ある留学生から貧しい地域の子供たちは明るく生きるために「実現しない」と知っていても夢を持つという話を聞いた。そして、貧しさについて真剣に考えてほしいという留学生の訴えに胸が痛んだ。(100字)

第20課　おぼえる

Ⅰ　(1)　①　1　うすく　　2　けずって　　3　そめもの　　4　やわらかい　　5　そまった
　　　　②　6　といだ　　7　ほうちょう　　8　はさき　　9　まないた　　10　かくにん
　　　　③　11　握った　　12　事務室　　13　さわぐ　　14　じけん　　15　過ぎた
　　　　④　16　かげん　　17　舌　　18　ざわり　　19　くふう
　　(2)　たて：手紙　　よこ：拍手・手袋
　　　　たて：夫妻　　よこ：工夫・夫婦
　　(3)　すしの握り方、伝統染物の技術、そばを打つときの力の具合、大工のわざなど、言葉にして教えられないものづくりのわざはたくさんある。習いたい人にとっては、言葉で説明しないのはいじわるのように思えるかもしれないが、言葉ではなく体で覚えさせるほかはないし、その方がものになると筆者は考える。ものづくりのわざが今まで伝えられてきたのは、職人が体で覚えてきたからで、世界中にそのような職人のわざがあるに違いないと筆者は言っている。
Ⅱ　(1)　①　c　　②　c　　③　c　　④　c　　⑤　d
　　(2)　[解答例]
　　　　①　(不安)気　(さびし)気　(かなし)気
　　　　②　(進学)先　(就職)先　(旅行)先
　　　　③　(体)つき　(目)つき　(手)つき
　　　　④　(働き)づめ　(通い)づめ　(歩き)づめ
　　　　⑤　(汗)まみれ　(血)まみれ　(あぶら)まみれ

Ⅲ (1) ① いかないだろう　② わからない　③ なれない　④ 帰りたくなる
　　　⑤ 考えるべきだ　⑥ 始まらない　⑦ 帰国する

　【ポイント】「条件」を表す文です。文の最後の形に気をつけましょう。

(2) ① 公園は子供に限らず、大人の利用者も多くなっている。
　　② このケーキは値段が安かった割においしかった。
　　③ 話の面白さにかけてはチンさんがクラスで／クラスでチンさんが一番だろう。

Ⅳ (1) ① 貧しい子は誰かが手を差し伸べなければ、医者や政治家になれない。
　　② 過疎地は何か手を打たなければ、活性化できない。
　　③ 健康な状態に戻れなければ、治療する意味がない。

　【ポイント】「～なら／ば、～」と「～なければ、～ない」の文は同じ内容を伝える文ですが、「～なければ、～ない」のほうがより強い言い方で自分の考えを主張するときに使います。

(2)（自由回答）

第16課〜第20課 【ふくしゅう】

Ⅰ ① c　② c　③ c　④ a　⑤ a　⑥ b　⑦ c　⑧ c
Ⅱ ① で／から・を・に　② に・を　③ と・に・が　④ に　⑤ に・に
　⑥ に・を・に
Ⅲ ① 休み　② 乗る　③ 出かけて　④ 決め　⑤ 使えない　⑥ できた
　⑦ 会った　⑧ 心配で
Ⅳ ① こと・はず　② もの　③ こと　④ ところ　⑤ こと　⑥ ばかり
　⑦ もの　⑧ こと　⑨ わけ　⑩ ばかり　⑪ もの　⑫ わけ
　⑬ ところ・わけ／はず　⑭ ところ

第12課 わける

I. 漢字の練習をしましょう。

*の語は意味を調べ、(　)の語は読み方をふくしゅうしましょう。

A	漢字	言葉
	型	何型(なにがた)　血液型(けつえきがた)　新型*(しんがた)
	格	性格(せいかく)　資格*(しかく)
	傾	傾向(けいこう)
	的	客観的(きゃっかんてき)　対照的(たいしょうてき)　典型的(てんけいてき)　物質的*(ぶっしつてき) L19
	印	印象(いんしょう)　公印*(こういん)　実印*(じついん)
	象	印象(いんしょう)　気象(きしょう) *L14　対象*(たいしょう)
	与	与える(あたえる)
	客	客観的(きゃっかんてき)　(客)(きゃく)
	科	科学(かがく)　理科(りか)　科目*(かもく)　外科*(げか)　内科*(ないか)
	論	反論(はんろん)　論文*(ろんぶん)　議論*(ぎろん)
	付	付き合う(つきあう)　付く(つく)　付ける(つける)
	和	和らげる(やわらげる)　(平和)(へいわ)
B	分	分ける(わける)　(半分)(はんぶん)　(何分)(なんぷん)
	血	血液(けつえき)　血管*(けっかん)　出血*(しゅっけつ)

B	漢字	言葉
	液	血液(けつえき)　液化*(えきか)　液体*(えきたい)
	代	～代わり(がわり)　代わる(かわる)　(時代)(じだい)
	慎	慎重(しんちょう)
	重	慎重(しんちょう)　(重んじる)(おもんじる)　(重い)(おもい)　(体重)(たいじゅう)
	照	対照的(たいしょうてき)　照明*(しょうめい)
	実	実は(じつは)　実物*(じつぶつ)　実力*(じつりょく)　確実*(かくじつ)　事実*(じじつ)　真実*(しんじつ)
	典	典型的(てんけいてき)　辞典*(じてん)　古典*(こてん)
	型	典型的(てんけいてき)　文型*(ぶんけい)　(何型)(なにがた)
	冷	冷静(れいせい)　(冷たい)(つめたい)　(冷える)(ひえる)　(冷やす)(ひやす)
	静	冷静(れいせい)　安静*(あんせい)　(静か)(しずか)
	観	客観的(きゃっかんてき)　主観的*(しゅかんてき)
	根	根拠(こんきょ)　根気*(こんき)　根本*(こんぽん)
	拠	根拠(こんきょ)　拠点*(きょてん)　論拠*(ろんきょ)
	策	対策(たいさく)　方策*(ほうさく)　無策*(むさく)

第12課　わける

(1) ＿＿＿の漢字をひらがなで、ひらがなの語を漢字で書いてください。

① 姉はとてもまじめな₁せいかくで、初めて会った人に₂冷たい₃いんしょうを₄あたえるが、₅つきあってみると、₆実は面白い人だとわかる。
(1　　　　　) (2　　　　　) (3　　　　　) (4　　　　　)
(5　　　　　) (6　　　　　)

② 山田さんは話を₇半分も聞かず、すぐに₈はんろんする₉けいこうがあるので、もっと₁₀客観的に、そして、₁₁冷静に話をしてほしいと思う。
(7　　　　　) (8　　　　　) (9　　　　　) (10　　　　　)
(11　　　　　)

③ 私は兄とは₁₂対照的に₁₃りかや数学などの₁₄科目が苦手で、いろいろ試験₁₅対策をするが、良い結果が得られたことはない。
(12　　　　　) (13　　　　　) (14　　　　　) (15　　　　　)

(2) 同じ読み方の漢字をさがして、読み方を(　　)に書いてください。

① 今週はあまり余裕がなかった。というのも、社長に言われた通り出張に行ったからだ。
　同じ読み方の漢字〔　　　〕〔　　　〕　読み方(　　　　　)

② 私の母は図書館で昔の地図や古い本の管理をしている。
　同じ読み方の漢字〔　　　〕〔　　　〕　読み方(　　　　　)

③ 森さんは命令されたりいやなことを言われたりしても、いつも冷静だ。
　同じ読み方の漢字〔　　　〕〔　　　〕　読み方(　　　　　)

(3) 第12課本文を短くした文です。漢字とかなで書いてください。

> けつえきがたをつかってひとのせいかくをタイプにわけてかんがえることがある。これはにんきがあって、おおくのひとにしんじられている。しかし、かがくてきなこんきょがないというはんろんもある。けつえきがたについてのいけんはひとによってさまざまだ。ほかにも、ひとのせいかくやこうどうをくべつするほうほうはたくさんある。けつえきがたなどをさんこうにして、じぶんのまわりのひとをいくつかのタイプにわけてみようとするひとがおおいのは、あいてのタイプをしったうえで、あんしんしてつきあおうとするからだとひっしゃはかんがえている。

第12課　わける

II. 言葉の練習をしましょう。

(1) 一番良い言葉を選んでください。

① 部下のしたことだから知らないなんて、上司として(　　　)。
　a. いいかげんだ　　b. ふさわしい　　c. 無責任だ　　d. 楽天的だ

② まだ誰にも言っていないんですが、(　　　)来月結婚するんです。
　a. 実は　　　　　b. 確かに　　　　c. まさか　　　d. めったに

③ アンケートには何でもいいですから、(　　　)意見を書いてください。
　a. 気まぐれに　　b. 自由に　　　　c. のんきに　　d. わがままに

④ これはとても古くて価値がある物なので、(　　　)はこんでください。
　a. 意外に　　　　b. 慎重に　　　　c. のんきに　　d. 冷静に

⑤ 上司によばれるたびに、何となく(　　　)を感じる。
　a. ストレス　　　b. タイプ　　　　c. リーダーシップ　d. ルール

(2) 例のように、読み方を書いてください。
　例：学(がく)・校(こう)　→　学校(がっこう)

① 一〔　　　〕・見〔　　　〕　→　一見(　　　　　)
② 結〔　　　〕・果〔　　　〕　→　結果(　　　　　)
③ 出〔　　　〕・張〔　　　〕　→　出張(　　　　　)
④ 特〔　　　〕・急〔　　　〕　→　特急(　　　　　)
⑤ 客〔　　　〕・観〔　　　〕　→　客観(　　　　　)

III. 文を作る練習をしましょう。

(1) どちらか正しいほうを選んでください。

① A: 初めまして、田中と申します。
　　B: 山本です。田中さんのことは部長からよく[聞きます・聞いています]。
② ほかの人が[いやがる・いやがっている]ことはするなと父に言われたものだ。
③ 電話をしながら車を[運転する・運転している]のは、危ないことだ。
④ 血液型の話は、「科学的な根拠がない」と[反論される・反論されている]ことが多い。

第12課　わける

⑤ 心配しなくても、いつも練習[する・している]通りにやれば、試合に負けるはずはないよ。

⑥ 大学に[通う・通っている]うちに、いろいろなアルバイトをして、仕事の経験をしておこうと思う。

(2) 言葉を並べて文を作ってください。

① [正しくない　多くの　されて　ことは　いる　正しいと　人に　ある　ことでも]
　→

② [作れば　わからなく　違う　食べたがる　なる　ので　いいか　子供たちは　物が　日によって　晩ご飯に　何を]
　→

③ [作って　料理を　いる　だんだん　うちに　うまく　きた　なって]
　→

Ⅳ．作文の練習をしましょう。

(1) 例のように、文を書いてください。

例：　A型の多くは、何事も慎重に準備をしてから行動している。
　　　→A型は、何事も慎重に準備をしてから行動する傾向がある。

① AB型の多くは、物事の全体を客観的に考えている。
　　→AB型は、_____。

② 人間の多くは、外見によって影響を受けている。
　　→人間は、_____。

③ 今の時代は、自由で平等な人間関係を大切にしている。
　　→今の時代は、_____。

(2) 【　　】の言葉を自由に使って、「○○の性格」を短い文で書いてください。
　「猫のタマの性格」【一見　実は　というのも】
　例：私の家のタマは昼寝ばかりしていて、一見のんきそうに見えるが、実はとても気が強い。というのも、ほかの猫が近くに来ると、おこったような声を出して、近くに来させないようにするのだ。もう少しほかの猫とも遊べばいいと思う。

第13課　おもいだす

I．漢字の練習をしましょう。

＊の語は意味を調べ、(　　)の語は読み方をふくしゅうしましょう。

A	漢字	言葉
	連	連想　連休＊　連日＊ 連発＊　連続＊　関連＊
	宅	帰宅　お宅　住宅＊ 在宅＊　自宅＊　宅配＊
	庭	庭　庭仕事＊
	呼	呼び出す　呼ぶ
	指	指示　指定＊　指名＊ 指令＊
	示	指示　例示＊　開示＊
	汗	汗　寝汗＊　冷や汗＊
	抜	抜く　抜け出す＊L19
	焼	焼く　夕焼け＊L14
	涼	夕涼み　涼しい
	打	打ち上げる 手を打つ＊L18
	余	余り　余る　(余裕)
B	帰	帰宅　帰国＊　(帰る)
	土	土　(土地)

B	漢字	言葉
	運	運ぶ　(運転)　(運動)
	正	正確　正当＊ (正しい)　(正月)
	陽	陽　夕陽＊L18
	乾	乾き切る　乾く　乾かす
	放	解放　釈放＊　放送＊ 放火＊　放出＊　放映＊
	嫌	機嫌
	連	連れ出す　(連想)
	驚	驚く
	瞬	一瞬　瞬間＊
	辺	辺り
	覚	覚える
	緒	一緒
	懐	懐かしい
	眺	眺める

第13課　おもいだす

(1) ＿＿＿の漢字をひらがなで、ひらがなの語を漢字で書いてください。

① ₁陽に₂やけた学生たちが楽しそうに₃運動をし、₄あせをかいている。
　（1　　　　）（2　　　　　）（3　　　　　）（4　　　　　）

② 早く₅帰国して、₆自宅の₇にわで₈ゆうすずみをしたいと、夕陽を見て₉一瞬思った。
　（5　　　　）（6　　　　　）（7　　　　　）（8　　　　　）
　（9　　　　）

③ ₁₀一緒に₁₁うちあげ花火をしようと友達に₁₂よびだされた。
　（10　　　　）（11　　　　　）（12　　　　　）

④ 空気が₁₃乾いているきせつに近くの₁₄住宅が₁₅放火され、₁₆驚いた。
　（13　　　　）（14　　　　　）（15　　　　　）（16　　　　　）

⑤ 突然の₁₇指名で₁₈冷や汗が出て、スピーチの中身は₁₉覚えていない。
　（17　　　　）（18　　　　　）（19　　　　　）

(2) 同じ読み方の漢字をさがして、読み方を（　）に書いてください。

① 交通の不便な所に住んでいるので、学校に通うのに2時間もかかる。
　　　同じ読み方の漢字〔　　　〕〔　　　〕　読み方（　　　　　）

② 仲間の反発を買って、最近田中さんはひとりで昼ご飯を食べている。
　　　同じ読み方の漢字〔　　　〕〔　　　〕　読み方（　　　　　）

③ 敬語が使われているのに、礼儀正しいと感じられないのは不思議だ。
　　　同じ読み方の漢字〔　　　〕〔　　　〕　読み方（　　　　　）

(3) 第13課本文を短くした文です。漢字とかなで書いてください。

> ひっしゃはちちのことをおもいだすときに「ひるのにおい」をれんそうする。それは、ひっしゃがこどものころ、なつのゆうがた、ちちににわしごとをてつだわされたときや、てつだいのあとでちちがにわではなびをさせてくれたときにするにおいだ。いまでもひっしゃはこどもたちとはなびをしながら、にわしごとがおわったときのうれしいきもちや、はなびがおわったときのさびしいきもちを「ひるのにおい」といっしょにおもいだしている。そして、こどもたちにはどんなおもいでがのこるのだろうかとかんがえている。

第13課　おもいだす

_____
_____
_____
_____
_____

II．言葉の練習をしましょう。

(1) 一番良い言葉をひとつ選んでください。

① 初めてアンさんを見た(　　)かみなりに打たれたような感じがした。
　a. 一瞬　　　　b. 瞬間　　　　c. ふと　　　　d. ようやく
② 同じくつをはいていたのが(　　)で、スポーツの話になり、カイさんと友達になった。
　a. 影響　　　　b. 機会　　　　c. きっかけ　　　　d. 理由
③ ホテルの部屋は思ったより広くて(　　)としていた。
　a. すっかり　　　b. のんびり　　　c. ゆっくり　　　d. ゆったり
④ 学生時代は、時には真剣に自分を(　　)べきだ。
　a. 眺める　　　b. 見合わせる　　　c. 見つかる　　　d. 見つめる
⑤ 運動(　　)、バスに乗らずに駅まで歩いてみようと思った。
　a. がてら　　　b. つつ　　　c. どころか　　　d. ながら

(2) (　)に言葉を入れてください。

　例：(言い)始める

① ～出す：　(　　　)出す　(　　　)出す　(　　　)出す
② ～切る：　(　　　)切る　(　　　)切る　(　　　)切る
③ ～込む：　(　　　)込む　(　　　)込む　(　　　)込む
④ ～かける：(　　　)かける　(　　　)かける　(　　　)かける
⑤ ～上げる：(　　　)上げる　(　　　)上げる　(　　　)上げる

III．文を作る練習をしましょう。

(1) どちらか正しいほうを選んでください。

① この音楽を聞くたびに、学生時代が[懐かしい・懐かしくなる]。
② 新しいことを経験したり、学んだりするのは[楽しい・楽しくなる]ものだ。
③ 自分の性格については考えれば考えるほど[わからない・わからなくなる]。
④ 漢字の読み方は覚えるしかないので、考えても[わからない・わからなくなる]だろう。

第13課　おもいだす

⑤ 新しい社員が入ったが、教えるのに時間がかかり、余裕ができるどころかかえって仕事が[増えた・増えてきた]。

⑥ 年を取るにつれて、だんだん人との付き合い方が[変わった・変わってきた]。

⑦ ダイエットをして、3か月で体重が5キロ[へった・へっていった]。

(2) 言葉を並べて、文を作ってください。

① [姿で　びっくりした　しめた　見て　寝て　いる　朝　ネクタイを　ままの　夫を]
　→

② [はずだ　ことだ　いる　厳しい　毎朝　早く　中川部長の　時間に　から　来て]
　→

③ [入院を　突然の　今までの　生活を　考えてみた　きっかけに]
　→

Ⅳ．作文の練習をしましょう。

(1) 〔～なる・～ていく・～てくる〕からひとつ選んで、例のように文を書いてください。

例：レックさんが来月帰国したら、さびしくなりますね。【さびしい】

① ちょっと寒気がします。ねつが＿＿＿＿＿＿ようです。【出る】
② 工事が終わって、駅前を通ることが＿＿＿＿＿＿。【できる】
③ 料理を勉強し、自分の店を作り、その店を＿＿＿＿＿＿のがゆめです。【増やす】
④ 辺りが＿＿＿＿＿＿、冷たい風が＿＿＿＿＿＿ら、天気の急な変化に気をつけてください。【暗い】【ふく】
⑤ 町に若い人が＿＿＿＿＿＿、昔から続くまつりを＿＿＿＿＿＿ことが＿＿＿＿＿＿。【いない】【伝える】【難しい】

(2) 54ページの文をもっと短くして、100字ぐらいで書いてください。

第14課 みなおす

I. 漢字の練習をしましょう。

*の語は意味を調べ、（　）の語は読み方をふくしゅうしましょう。

A	漢字	言葉
	季	きせつ　しき 季節　四季
	節	きせつ　せつぶん　せつでん 季節　節分*　節電* かんせつ　ちょうせつ　しゅんせつ 関節*　調節*　春節*
	測	よそく　かんそく　もくそく 予測　観測　目測*
	欠	か　　　　　　か 欠かせない　欠く*
	第	しだい　だいいち　だいろっかん 次第　第一*　第六感*
	命	いのち　めいれい 命　（命令）
	落	お　　　　お 落とす　落ちる*L19
	則	ほうそく　げんそく　はんそく 法則　原則*　反則*
	雲	くも　くもま　あまぐも 雲　雲間*　雨雲*
	流	なが　　　　なが 流れる　流す*L16
	各	かくち　かっこく　かくじ 各地　各国*　各自*
	期	じき　ちょうき　　　　がっき 時期　長期*L17　学期* きじつ　きたい　ぜんき 期日*　期待*　前期*
B	次	しだい　つぎ　じかい 次第　（次）（次回）
	収	しゅうかく　しゅうにゅう　ねんしゅう 収穫　収入*　年収*

B	漢字	言葉
	穫	しゅうかく 収穫
	向	む　　　　む 向く　向ける*L16 む　　　けいこう　ほうこう 向き　（傾向）（方向）
	察	かんさつ　こうさつ　しさつ 観察　考察*　視察*
	晴	は　　　　あきば 晴れる　秋晴れ*
	農	のうさぎょう　のうそん 農作業　農村*L18 のうぎょう 農業*
	作	のうさぎょう　さくぶん　　　つく 農作業　（作文）（作る）
	知	ちえ　よち　　　　し 知恵　予知*　（知る）
	恵	ちえ　わるぢえ 知恵　悪知恵*
	神	かみ 神
	歩	しんぽ　しょほ　　　ある 進歩　初歩*　（歩く）
	異	いじょう　いぶんか　いれい 異常　異文化*　異例*
	常	いじょう　じょうしき　せいじょう 異常　常識*　正常* じょうじ　つうじょう　にちじょう 常時　通常*　日常*
	洪	こうずい 洪水
	直	みなお　なお　　すなお 見直す　直る　素直*L19

第14課　みなおす

(1) ＿＿＿の漢字をひらがなで、ひらがなの語を漢字で書いてください。

① 科学技術が₁進歩し、じしんの₂予知が正しく行われることが₃期待されている。
(1　　　　　)(2　　　　　)(3　　　　　)

② ₄観察₅しだいでいい商品が₆作れるので、開発に観察は₇かかせない。
(4　　　　　)(5　　　　　)(6　　　　　)(7　　　　　)

③ ₈各自が電気の使い方を₉見直し、₁₀日常的に₁₁節電することが大切だ。
(8　　　　　)(9　　　　　)(10　　　　　)(11　　　　　)

④ 兄は好きな₁₂きせつだった秋の₁₃晴れた日に、交通事故で₁₄いのちを₁₅おとした。
(12　　　　)(13　　　　)(14　　　　)(15　　　　)

(2) AとBから同じような意味の漢字を選んで、言葉を作り、読み方を書いてください。

A	B
観　研　変　解　法　時　思	則　想　期　究　察　化　放

例：〔研究〕(けんきゅう)

① 〔　　　〕(　　　　)　② 〔　　　〕(　　　　)
③ 〔　　　〕(　　　　)　④ 〔　　　〕(　　　　)
⑤ 〔　　　〕(　　　　)　⑥ 〔　　　〕(　　　　)

(3) 第14課本文を短くした文です。漢字とかなで書いてください。

　　てんきやきせつのへんかはにんげんのせいかつにおおきなえいきょうをあたえる。にんげんはしぜんをかんさつし、そのほうそくをしってしぜんとちょうわしていきようとしてきた。コンピュータによっててんきよほうはせいかくになり、いまはまいにちのせいかつになくてはならないものになった。しかし、そのようなどりょくにもかかわらず、にんげんがしぜんのほうそくをむしし、そのすがたをかえ、よごしつづけたけっか、いじょうきしょうがおこるようになった。ひっしゃは、いじょうきしょうはにんげんに「いまのありかたをみなおせ」というしぜんのこえではないかといっている。

第14課　みなおす

_____
_____
_____
_____
_____

Ⅱ．言葉の練習をしましょう。

(1) 一番良い言葉をひとつ選んでください。

① 5月に雪がふるなんて、(　　　)こともあるものだ。
　a. 当てにならない　b. いいかげんな　c. かけがえのない　d. めずらしい
② 私にとって高校時代に一緒に遊んだ仲間との思い出は(　　　)ものだ。
　a. 欠かせない　　b. かけがえのない　c. 手におえない　d. なくてはならない
③ 私はテレビで歌う歌手の声にすっかり心を(　　　)しまった。
　a. うばわれて　　b. とけさせて　　c. なくされて　　d. 抜かれて
④ 台風が来ているから、予報(　　　)、旅行が中止になるかもしれない。
　a. 次第で　　　　b. 通りに　　　　c. と同時に　　　d. とともに
⑤ 電車の中でいろいろな人の様子を(　　　)すると、面白いです。
　a. 観察　　　　　b. 観測　　　　　c. 法則　　　　　d. 予測

(2) (　　　)に言葉を入れてください。

　例：取り(出す)

① 取り〜：　　　取り(　　　)　　取り(　　　)　　取り(　　　)
② 引き／引っ〜：引き(　　　)　　引き(　　　)　　引っ(　　　)
③ 〜直す：　　　(　　　)直す　　(　　　)直す　　(　　　)直す

Ⅲ．文を作る練習をしましょう。

(1) どちらか正しいほうを選んでください。

① 「ねこや」という店は、あのはしをわたると左に[見えます・見ます]。
② 図書館のカードを作ればいつでも本が[借りられる・借りる]。
③ 運動をするために、最近早く[起きられる・起きる]ようになりました。
④ 上司の命令でも[受け入れられない・受け入れない]ことがあるはずだ。
⑤ 学生時代は大学の近くの店で仲間とよく[飲めた・飲んだ]ものだ。

第14課　みなおす

(2) 言葉を並べて、文を作ってください。
① [守る　利用する　ことは　ことだ　上で　大切な　個人情報を　インターネットを]
　→
② [時代の　生活の　変化と　変わって　し方も　ともに　いく]
　→
③ [にもかかわらず　やった　しまった　なくなって　かけて　宿題の　時間を　紙が]
　→

Ⅳ．作文の練習をしましょう。

(1) 例のように、文を書いてください。
　例：A: 今晩は早く帰れるの。
　　　B: さあ、部長のご機嫌次第だね。
　　　→上司の機嫌が良ければ早く帰れるが、悪ければ残業しなければならない。

① A: お父さん、新しいコンピュータを買ってほしいんだけど。
　B: それはねだん次第だな。
　→父親は＿＿＿＿＿＿＿＿が、＿＿＿＿＿＿＿＿と言っている。

② A: ロンさん、こいびととして付き合うなら、どんなタイプがいい？
　B: うーん、相手の性格次第かな。
　→ロンさんは＿＿＿＿＿＿＿＿が、＿＿＿＿＿＿＿＿と思っている。

③ A: 中田さん、この商品は売れるでしょうか。
　B: そうだね。宣伝のやり方次第じゃないかな。
　→中田さんは＿＿＿＿＿＿＿＿が、＿＿＿＿＿＿＿＿と考えている。

(2)【　　】の言葉を自由に使って、「欠かせない物」を短い文で書いてください。
　「欠かせない物」【～上で　～とともに　なくてはならない】
　例：携帯電話は生活をする上で欠かせない物だ。技術の進歩とともに、携帯電話でできることも増えている。たとえば、友達とれんらくを取りたいときにも使えるし、言葉の意味を調べるときにも使えて、とても便利だ。今の生活になくてはならない物だと思う。

第15課 ふれあう

I. 漢字の練習をしましょう。

＊の語は意味を調べ、（　）の語は読み方をふくしゅうしましょう。

A	漢字	言葉
	講	講演　講習＊　休講＊
	演	講演　演歌＊　開演＊
	依	依頼　依然＊　依存＊
	留	留学　在留＊　留年＊
	頼	頼む　（依頼）　（信頼）
	表	表情　表示＊　発表＊
	独	独特　独学＊　独身＊
	閉	閉じる
	清	清潔　清書＊　清算＊
	恥	恥ずかしい
	頭	冒頭　頭部＊　先頭＊
	願	願う　願い事

B	漢字	言葉
	問	問いかけ　問う
	傾	傾ける　（傾向）
	著	著者　著名＊　著書＊
	気	何気ない　（気温）（寒気）
	重	重ねる　重なる＊　（重さ）
	黙	黙り込む　黙る
	潔	清潔　不潔＊　簡潔＊
	冒	冒頭
	詰	詰める　詰め合わせ＊
	添	添える　添え物＊
	和	和む　和やか＊
	拍	拍手　拍車＊
	締	締めくくる　締め切り＊

(1) 　　　の漢字をひらがなで、ひらがなの語を漢字で書いてください。

① ₁著名な画家の₂こうえん会の₃冒頭のあいさつに、客は₄拍手をした。
　　(1　　　　　)(2　　　　　)(3　　　　　)(4　　　　　)

第15課　ふれあう

② ₅りゅうがく前、₆独学で覚えた言葉を間違えて₇はずかしかった。
　（₅　　　　　　）（₆　　　　　　）（₇　　　　　）

③ おかしの₈詰め合わせにカードを₉添えて、大学時代の先生におくった。
　（₈　　　　　　）（₉　　　　　　）

④ ₁₀いらいされた仕事の₁₁締め切りを守る人は、皆に₁₂信頼される。
　（₁₀　　　　　）（₁₁　　　　　）（₁₂　　　　　）

⑤ 図書館で₁₃何気なく本を₁₄とじて、₁₅黙って人の声に耳を₁₆傾けてみた。
　（₁₃　　　　　）（₁₄　　　　　）（₁₅　　　　　）（₁₆　　　　　）

(2) AとBから同じような意味の漢字を選んで、言葉を読み方を書いてください。

A	B
準　清　技　存 許　便　簡	利　術　単　可 備　在　潔

例：〔許可〕（きょか）

① 〔　　　　〕（　　　　）　② 〔　　　　〕（　　　　）
③ 〔　　　　〕（　　　　）　④ 〔　　　　〕（　　　　）
⑤ 〔　　　　〕（　　　　）　⑥ 〔　　　　〕（　　　　）

(3) 第15課本文を短くした文です。漢字とかなで書いてください。

> 　ひっしゃは、せかいじゅうをりょこうしてベストセラーをかいたひとのこうえんかいへいった。そのひとはどこにもどくとくのにおいがあるとかんじていたが、インドをりょこうしていたときに、あるわかものから「にほんにもにおいがある」といわれた。せいけつなにほんでにおいなどするわけがないとおもっていたので、ショックだったそうだ。インドのわかものに「あなたもくさい」といわれたけいけんから、ベストセラーをかいたひとはこうえんかいのさいごに「じぶんのことをよくしらなければ、あいてがわかったり、ものがみえたりしないのではないか」と、つたえた。

第15課　ふれあう

II．言葉の練習をしましょう。

(1) 一番良い言葉を選んでください。

① 母の（　　　）一言によって、私は歌手になることに決めた。
　a. 当たり前の　　b. いいかげんな　　c. 何気ない　　d. 何となくの
② ホテルの人のサービスの良さと礼儀正しさに「さすがだ」と（　　　）。
　a. あきれた　　b. 歓迎した　　c. 感心した　　d. 自慢した
③ 以前から、（　　　）な文化を持つ沖縄(おきなわ)に行ってみたいと思っていた。
　a. 意外　　　　b. 個性的　　　　c. 独特　　　　d. 別
④ 最近進学するべきか、帰国するべきか自分に（　　　）いる。
　a. いい気になって　b. 黙り込んで　c. 問いかけて　d. ふれ合って
⑤ １さつの本に（　　　）、インドをはじめ、いろいろな国へ行きたいと思うようになった。
　a. 会って　　b. 気がついて　　c. さわって　　d. 出会って

(2) 例のように、言葉を選んで書いてください。

```
合う　入る　かかる　する
する　つく　強い
```

例：気が（　する　）

① 気が（　　　　）　　② 気が（　　　　）　　③ 気が（　　　　）
④ 気に（　　　　）　　⑤ 気に（　　　　）　　⑥ 気に（　　　　）

III．文を作る練習をしましょう。

(1) どちらか正しいほうを選んでください。

① シャリーさんと会って、まじめな人だという[印象だ・印象を受けた]。
② 父を思い出すと、よく連想するのは[昼のにおいだ・昼のにおいがする]。
③ 子供を一人前に育てることが[親としての責任だ・親として責任がある]。
④ 子供のころから料理を作っているだけに、姉はなべやおさらを洗いながら10分で料理が[作れる・作れることだ]。
⑤ リサさんの性格は楽天的で、思った通りに[行動している・行動だ]。
⑥ きのうの講演は「世界ふれ合いの旅」について[だった・話した]。
⑦ 外国で生活する上で、大切なのは文化を[知っている・知ることだ]。
⑧ 残念なことに、私の好きなチームが試合に[まけてしまった・まけてしまったことだ]。

第15課　ふれあう

(2) 言葉を並べて文を作ってください。

① ［人間関係を　相手を　上で　ことは　ことだ　築く　信頼する　大切な］
　→

② ［ことは　ことだ　ことを　恥ずかしかった　知らなかった　私が　国の　自分の］
　→

③ ［食事を　立った　わけがない　台所に　作る　父が　ことがない　自分で］
　→

Ⅳ．作文の練習をしましょう。

(1) 例のように、文を書いてください。

　例：講演者は「自分を知らずにふれ合いなどできない」と話した。
　　　→講演者の話は、自分を知らずにふれ合いなどできないというものだった。

① 父はいつも「若いうちは良く学び、良く遊べ」と言っていた。
　　→父の口癖は、＿＿＿＿＿＿＿＿＿＿＿＿＿＿＿＿＿＿＿＿＿＿＿＿＿。

② 部下は上司に自然と調和するよう、建物のデザインを見直すべきだと反論した。
　　→上司に対する部下の反論は、＿＿＿＿＿＿＿＿＿＿＿＿＿＿＿＿＿＿＿。

③ 講演を聞いて、私は相手の文化とともに自分の文化も知るべきだと理解した。
　　→講演を聞いた私の理解は、＿＿＿＿＿＿＿＿＿＿＿＿＿＿＿＿＿＿＿＿。

④ 研究者たちは2100年ごろの地球の気温は、何も対策を立てなければ、今より5度近く上がると予測した。
　　→研究者たちの予測は、＿＿＿＿＿＿＿＿＿＿＿＿＿＿＿＿＿＿＿＿＿＿。

⑤ 海外の仕事相手から商品の管理について教えてほしいと依頼された。
　　→海外の仕事相手からの依頼は、＿＿＿＿＿＿＿＿＿＿＿＿＿＿＿＿＿＿。

(2) 62ページの文をもっと短くして、100字ぐらいで書いてください。

第11課～第15課 【ふくしゅう】

Ⅰ．一番良い言葉を選んでください。
① 最近は人とのふれ合いを（　　　）にしたテレビ番組が増えている。
　a.アナウンス　　　b.ストレス　　　c.タイプ　　　d.テーマ
② 外国をひとりで旅するときは（　　　）行動するようにしている。
　a.真剣に　　　　b.慎重に　　　　c.正確に　　　　d.明確に
③ 最近の部長は気まぐれな命令が多く、部下の（　　　）を買っている。
　a.反映　　　　　b.反対　　　　　c.反発　　　　　d.反論
④ 食べようとしたケーキを落として、（　　　）声を上げてしまった。
　a.思わず　　　　b.ふと　　　　　c.ゆったり　　　d.ようやく
⑤ 子供のころ、親に犬がほしいと（　　　）泣いたことがある。
　a.いのって　　　b.うばって　　　c.こって　　　　d.ねだって
⑥ 次の社長にふさわしい人はというと、小林部長（　　　）、何人かいるから、簡単には決められないだろう。
　a.とともに　　　b.のことだから　　c.をきっかけに　　d.をはじめ
⑦ 異常気象で海の温度が高いから、秋になっても魚がとれない（　　　）。
　a.わけがある　　b.わけがない　　c.わけだ　　　　b.わけではない
⑧ 世界には大昔のまま自然の中で生活する人々が存在すると（　　　）。
　a.させられる　　b.させる　　　　c.される　　　　d.する

Ⅱ．（　　）に助詞を書いてください。「は」「も」は使えません。
① 血液型で性格（　　　）4つ（　　　）分けるなんて、おかしな話だ。
② 信頼（　　　）築く（　　　）は長い時間が必要だ（　　　）、失う（　　　）は一瞬だ。
③ 花火をしよう（　　　）、妹（　　　）外（　　　）連れ出した。
④ 学校にしろ、会社にしろ、女性（　　　）平等（　　　）扱うべきだ。
⑤ ひっこし（　　　）きっかけ（　　　）、生活のし方が変わった。
⑥ 生活の中で何（　　　）大切（　　　）するかは、人によって違う。
⑦ 3日間の海外出張にもかかわらず、夫はかばん（　　　）日本のラーメン（　　　）詰めて出かけた。

Ⅲ．【　　　】の言葉を正しい形にして、（　　　）に入れてください。
① 工場の事故で、会社の信頼が（　　　　　　）つつある。【失う】
② 夫に（　　　　　　）と、私は気分次第で考えが変わるので、夫はいつも私に

第11課～第15課 【ふくしゅう】

　　　（　　　　　　　）ざるを得ないそうだ。【言う】【合わせる】
③　そぼに教えて（　　　　　　　）通りに、料理を作ってみた。【もらう】
④　部長に指示（　　　　　　　）ままに会議の資料を準備した。【する】
⑤　自分よりよわい者を（　　　　　　　）べきではない。【いじめる】
⑥　留学するかどうかは、家族と（　　　　　　　）上で決める。【話す】
⑦　木村さんの話は同じ仕事を（　　　　　　　）上で役に立つ。【する】
⑧　地図さえ（　　　　　　　）のに運転するなんて、恐ろしい。【読む】

Ⅳ．□□□から言葉を選んで、（　　　　）に書いてください。同じ言葉を何度選んでもかまいません。

　　　　　　　　　こと　次第　だけ　べき　わけ　はず

①　次の試験の結果（　　　　　　　）で、進学先はだいたい決まる。
②　かなしい（　　　　　　　）に、去年はいていたお気に入りのスカートがはけなくなった。
③　おしゃべりの好きな上野さんの（　　　　　　　）だから、この話を知らない（　　　　　　　）がない。
④　ラムさんは学生時代にスポーツをしていた（　　　　　　　）に、さすがに走るのがはやい。
⑤　私は、ある年齢になったら、誰もが結婚する（　　　　　　　）だと思っている（　　　　　　　）ではない。
⑥　タクシーに乗れば、駅まで10分ぐらいで行ける（　　　　　　　）だ。
⑦　今は卒業の季節だから、着物を着た女性がたくさんいる（　　　　　　　）だ。
⑧　人が話しているときに、おしゃべりをする（　　　　　　　）ではない。

第16課 うたう

I. 漢字の練習をしましょう。

＊の語は意味を調べ、（　）の語は読み方をふくしゅうしましょう。

A	漢字	言葉	A	漢字	言葉
	参	さんか さんこう さんしょう 参加　参考　参照＊ さんれつ 参列＊		浜	はま 浜
	加	さんか かこう かにゅう 参加　加工＊　加入＊	B	送	そうべつ そうきん そうげい 送別　送金＊　送迎＊ ほうそう うんそう おく 放送＊　運送＊　(送る)
	苦	にがて にが にがみ 苦手　苦い＊　苦味＊		誘	さそ さそ だ 誘う　誘い出す＊
	耐	た た ぬ 耐える　耐え抜く＊		難	がた むずか 〜難い（難しい）
	求	もと 求める		童	どうよう どうわ どうしん 童謡　童話＊　童心＊
	勇	ゆうき 勇気		謡	どうよう かよう 童謡　歌謡＊
	像	そうぞう がぞう えいぞう 想像　画像＊　映像＊		力	ちから どりょく 力　(努力)
	描	えが 描く		頼	たよ たの しんらい 頼る　(頼む)　(信頼)
	沈	しず しず 沈む　沈める＊		夢	ゆめ むちゅう 夢　(夢中)
	浮	う う 浮かぶ　浮かべる＊		摘	つ 摘む
	祝	いわ いわ ごと 祝う　祝い事＊		網	あみ 網

(1) ＿＿＿の漢字をひらがなで、ひらがなの語を漢字で書いてください。

① 火事の₁映像を見ると、自分の経験が頭に₂うかんでくる。
　(1　　　　　　　) (2　　　　　　　)

② ₃童話の本の中の猫が一緒に花を₄摘みに行こうと私を₅誘う₆夢を見た。
　(3　　　　　　　) (4　　　　　　　) (5　　　　　　　) (6　　　　　　　)

第16課　うたう

③ 親の₇送金に₈頼らず、自分の₉力で生活しようと思う。
　　(7　　　　　) (8　　　　　　) (9　　　　　　)

④ これは日が₁₀しずむころ、₁₁はまで₁₂網を引く男たちを₁₃えがいた絵だ。
　　(10　　　　) (11　　　　　) (12　　　　　) (13　　　　　　)

⑤ 結婚式などの₁₄祝い事に₁₅さんかするのは何となく₁₆にがてだ。
　　(14　　　　　) (15　　　　　) (16　　　　　)

(2) AとBから漢字を選び、「動詞＋名詞」になる言葉を作ってください。

A	B
投　帰　安　拍　預　作　発	文　資　心　音　宅　手　金

例：〔作文〕（さくぶん）

① 〔　　　　〕（　　　　　）　② 〔　　　　〕（　　　　　）
③ 〔　　　　〕（　　　　　）　④ 〔　　　　〕（　　　　　）
⑤ 〔　　　　〕（　　　　　）　⑥ 〔　　　　〕（　　　　　）

(3) 第16課本文を短くした文です。漢字とかなで書いてください。

> うたがにがてなひっしゃは、あつまりなどでどうしてもといわれたら、どうようをうたう。どうようはねんだいのちがうひとたちでもしっていていっしょにうたうことができる。ひっしゃはいっしょにうたうわかいひとたちのひょうじょうをみて、それぞれちがうおもいをもっていてもこえをあわせてうたえることをしって、うたにはふしぎなちからがあるとおもった。むかしからひとびとはいわいのせきでうたをうたって、よろこびをわかちあい、しごとのばでもうたをうたってはげましあった。そして、いまもわかいひとたちがよくうたをうたいにいくのはうたのちからがあるからだとひっしゃはおもっている。

第16課　うたう

Ⅱ．言葉の練習をしましょう。

(1) 一番良い言葉をひとつ選んでください。

① ツバキは冬の寒さに(　　　)、毎年きれいな花を咲かせる。
　a. 我慢し　　　b. 耐え　　　c. 調和し　　　d. 和み
② 自分なりに相手の(　　　)を考えることが思いやりにつながる。
　a. 肩書　　　b. 立場　　　c. 場　　　d. 身分
③ 半年間の留学だったが、忘れ(　　　)思い出になった。
　a. 難い　　　b. がちな　　　c. かねる　　　d. にくい
④ 薬に(　　　)、栄養のある物を食べ、よく寝ることが大切だ。
　a. いのらず　　　b. 頼まず　　　c. 頼らず　　　d. 願わず
⑤ 仲間たちと試合にかった喜びを(　　　)。
　a. 楽しんだ　　　b. はげました　　　c. 勇気づけた　　　d. 分かち合った

(2) 次の語の意味をわかりやすい文で説明してください。
　例：【苦手】ある事が好きではないし、うまくできないという意味です。
① 【生まれつき】＿＿＿＿＿＿＿＿＿＿＿＿＿＿＿＿＿＿＿＿＿＿＿
② 【童謡】＿＿＿＿＿＿＿＿＿＿＿＿＿＿＿＿＿＿＿＿＿＿＿＿＿＿
③ 【想像する】＿＿＿＿＿＿＿＿＿＿＿＿＿＿＿＿＿＿＿＿＿＿＿＿

Ⅲ．文を作る練習をしましょう。

(1) どちらか正しいほうを選んでください。

① チンさんは夏休みに国へ帰ろうと[思う・思っている]。
② 私は先週5年も付き合った人から別れようと言われ、かなしくて[たまらない・たまらないらしい]。
③ 父は兄に自分の仕事を手伝って[ほしい・ほしいようだ]。
④ 子供のころはよく父に庭仕事をさせられた[ものだ・そうだ]。
⑤ 父は小学生のころ、夕方まで公園で遊んでいた[ものだ・そうだ]。

(2) 言葉を並べて文を作ってください。

① [つい　ものだから　なくて　しかって　していた　しまった　時間が　部下を　大声で　いらいら]
　→
② [家族　食事を　そばは　に違いない　いる　みんなで　したがって]
　→

第16課　うたう

③　[じゅぎょうの　口を　ところを　写真に　みんなに　開けて　寝て　とられて　いる　笑われた　とき]
→

Ⅳ．作文の練習をしましょう。

(1) 例のように文を書いてください。

例：ワンさんは試験の点が悪かったので、次は100点を取りたいと言っている。
　　→ワンさんにとって試験の結果はショックだったらしく、次は100点を取ろうと、毎日勉強している。

① レオさんはこいびとが国へ帰って、とてもさびしいので、できるだけこいびとと連絡を取りたいと言っている。
　　→レオさんにとって＿＿＿＿＿＿＿＿はショックだったらしく、＿＿＿＿＿＿＿＿＿＿＿＿と、＿＿＿＿＿＿＿＿＿＿＿＿。

② 林さんは部下が人間関係を理由に会社をやめて、とても残念なので、できるだけ部下の話を聞くようにしたいと言っている。
　　→林さんにとって＿＿＿＿＿＿＿＿はショックだったらしく、＿＿＿＿＿＿＿＿＿＿＿＿と、＿＿＿＿＿＿＿＿＿＿＿＿。

③ 田中さんは同じ年の友達が亡くなって、とてもかなしいので、自分も時間を大切にして、何か人の役に立つことをしたいと言っている。
　　→田中さんにとって＿＿＿＿＿＿＿＿はショックだったらしく、＿＿＿＿＿＿＿＿＿＿＿＿と、＿＿＿＿＿＿＿＿＿＿＿＿。

(2)【　　　】の言葉を自由に使って、「勇気をもらった一言」を短い文で書いてください。

「勇気をもらった一言」【自信　どうしても　はげます】

例：「まんが家になるのが夢だ」と言うと、誰もが「そんなに簡単じゃない」と言う。自分でも自信が持てなかった。そんな時、ロイさんが「何でもやってみなければわからない。どうしてもやりたいなら、がんばれ」と言ってくれた。その言葉にはげまされて、私はまんがの勉強を始めた。

第17課 なおす

I. 漢字の練習をしましょう。

*の語は意味を調べ、（　）の語は読み方をふくしゅうしましょう。

A	漢字	言葉
	覚	目覚（めざ）ましい　目覚（めざ）まし時計（どけい）*　（覚（おぼ）える）
	救	救（すく）う　救（すく）い*　救（すく）い出（だ）す*
	治	治（なお）す　治（なお）る
	伸	伸（の）びる　背伸（せの）び*
	況	状況（じょうきょう）　近況（きんきょう）*　実況（じっきょう）*　好況（こうきょう）*　不況（ふきょう）*
	戻	戻（もど）る　呼（よ）び戻（もど）す*L18　払（はら）い戻（もど）し*
	器	器具（きぐ）　機器（きき）　器用（きよう）
	具	器具（きぐ）　具体的（ぐたいてき）*L19　具合（ぐあい）*L20　道具（どうぐ）*　家具（かぐ）*
	血	血（ち）　（血液（けつえき））
	看	看護（かんご）
	護	看護（かんご）　介護（かいご）*
	済	経済的（けいざいてき）　経済（けいざい）

B	漢字	言葉
	療	医療（いりょう）　治療（ちりょう）　療法（りょうほう）*
	遂	遂（と）げる
	平	平均（へいきん）　平野（へいや）　水平（すいへい）*L18　平和（へいわ）*　平行（へいこう）*
	均	平均（へいきん）　均一（きんいつ）*
	寿	寿命（じゅみょう）　長寿（ちょうじゅ）*
	命	寿命（じゅみょう）　（命（いのち））
	明	明（あき）らか　（明（あか）るい）　（明確（めいかく））
	患	患者（かんじゃ）　患部（かんぶ）*　急患（きゅうかん）*
	苦	苦（くる）しむ　苦（くる）しみ*　心苦（こころぐる）しい*　寝苦（ねぐる）しい*
	健	健康（けんこう）　健全（けんぜん）*
	康	健康（けんこう）　不健康（ふけんこう）*
	元	元（もと）　手元（てもと）*　足元（あしもと）*　（元気（げんき））

第17課　なおす

B	指	目指す　指す*　名指し*	犠	犠牲　犠牲者*
	態	状態　態度*	牲	犠牲　犠牲者*
	治	治療　自治体*L18　治安*		

(1) 　　　の漢字をひらがなで、ひらがなの語を漢字で書いてください。

① この町は₁けいざいが悪化し、₂治安の悪い₃状態が続いている。
　(1 　　　　)(2 　　　　)(3 　　　　)

② ₄急患の命を₅すくうため、新しい₆医療₇きぐを使って、手術をした。
　(4 　　　　)(5 　　　　)(6 　　　　)(7 　　　　)

③ ₈長寿を祝うことができる社会を₉目指して、家で₁₀治療や₁₁介護が受けられる制度が作られた。
　(8 　　　　)(9 　　　　)(10 　　　　)(11 　　　　)

④ ₁₂不健康な生活を続けると、様々な病気に₁₃苦しみ、₁₄寿命を短くすることになるのは₁₅明らかだ。
　(12 　　　　)(13 　　　　)(14 　　　　)(15 　　　　)

⑤ 交通事故の₁₆犠牲になった人は₁₇もどってこない。
　(16 　　　　)(17 　　　　)

(2) AとBから漢字を選んで、例のように言葉を作ってください。
　例) 外の国　→　〔外国〕(がいこく)

A	B
患　口　外　血　反　他　個	論　液　癖　人　者　性　国

① 〔　　　〕(　　　)　② 〔　　　〕(　　　)
③ 〔　　　〕(　　　)　④ 〔　　　〕(　　　)
⑤ 〔　　　〕(　　　)　⑥ 〔　　　〕(　　　)

第17課　なおす

(3) 第17課本文を短くした文です。漢字とかなで書いてください。

　いりょうがしんぽし、たすからなかったいのちがすくえるようになり、こうれいかがすすんできた。いりょうとはほんらい、かんじゃのくるしみをやわらげ、けんこうてきにいきるじゅみょうをのばすためのものだが、いりょうのしんぽのけっか、いのちをながくするだけのちりょうがおこなわれ、もんだいになっている。しょくぶつじょうたいのひとのせわをするために、まわりのひとがぎせいをはらわなければならないこともおおくなってきたいま、ひっしゃはいのちをいかすとか、ひとがいきるとはどういうことかと、といなおすひつようがあるといっている。

_____
_____
_____
_____
_____

Ⅱ．言葉の練習をしましょう。

(1) 一番良い言葉をひとつ選んでください。

① 自然と調和して生きるのが、人間(　　　)の姿ではないだろうか。
　a. 個性　　　　b. 当然　　　　c. 本来　　　　d. 元

② 日々の努力が良い結果を(　　　)。
　a. かなえた　　b. 遂げた　　　c. もたらした　　d. 持ってきた

③ 病院に着くまでにかかる時間が生きるか死ぬかを(　　　)。
　a. 救う　　　　b. 治す　　　　c. 分ける　　　　d. 割り切る

④ 留学によって(　　　)多くの気づきが得られるかが重要だ。
　a. いかに　　　b. いわゆる　　c. さすがに　　　d. まさか

(2) 同じような意味の言葉を書いてください。
　例：我慢する→(耐える)

① 明確な　→(　　　　　)　② 様々な→(　　　　　)
③ 帰宅する→(　　　　　)　④ 清潔な→(　　　　　)
⑤ 当然　　→(　　　　　)　⑥ 高齢者→(　　　　　)

Ⅲ．文を作る練習をしましょう。

(1) どちらか正しいほうを選んでください。

① 母親は子供に英語を[習いたい・習わせたい]と思っている。

第17課　なおす

② 子供は母親に留学[してほしい・させてほしい]とねだった。
③ 私は友達に[頼んで・頼まれて]、仕事を[手伝ってくれた・手伝ってあげた]。
④ サコさんが買い物に[付き合わせて・付き合って]くれたので、お礼に夕食をごちそう[してあげた・させられた]。
⑤ みんなが礼儀正しく列に並ぶのを見て、感心[された・させられた]。

(2) 言葉を並べて文を作ってください。
① [言えない　守れない　ようでは　ルールが　大人とは]
　→
② [ので　わけには　上司に　部下に　行かない　いかないが　行かせた　あった　やくそくが　誘われたら]
　→
③ [いない　きり　一度も　カラオケには　歓迎会で　行った　行って]
　→

Ⅳ．作文の練習をしましょう。

(1) 例のように、文を書いてください。
　例：部下が問題を引き起こしたので、部長は私を呼び出した。
　　→私は部下に問題を起こされて、部長に呼び出された。
① 私とのけんかで友達がけがをしたので、先生は私をしかった。
　　→私はけんかで＿＿＿＿＿＿＿＿＿＿、＿＿＿＿＿＿＿＿＿＿＿＿。
② 患者が「治療をやめて」と言ったので、医者は医療のあり方を考えた。
　　→医者は＿＿＿＿＿＿＿＿＿＿＿＿＿＿＿＿＿＿＿＿＿＿＿。
③ 歌の力によってみんなの心が和んで、その場がひとつになる。
　　→歌の力は＿＿＿＿＿＿＿＿＿＿＿＿＿＿＿＿＿＿＿＿＿＿。

(2) 73ページの文をもっと短くして、100字ぐらいで書いてください。

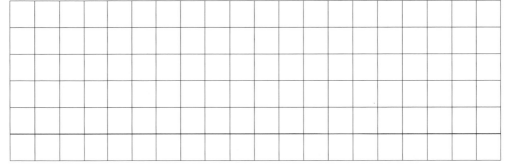

第18課 はなれる

Ⅰ. 漢字の練習をしましょう。

＊の語は意味を調べ、（　）の語は読み方をふくしゅうしましょう。

A	漢字	言葉
	寄	お年寄り　寄る＊ 歩み寄る＊　最寄駅＊
	促	促す
	減	減る　減らす
	政	政府　政治　政策
	府	政府　都道府県＊
	支	支援　支度　支払い＊ 収支＊　支出＊
	現	現状　実現＊L19　現在＊ 表現＊　現金＊　現代＊
	査	調査　査定＊
	根	根づく　屋根　（根拠）
	押	押し寄せる　押す＊
	遅	手遅れ　時代遅れ＊
	片	片とき　片付ける 片思い＊

B	漢字	言葉
	漁	漁村　漁業＊　漁港＊
	村	漁村　農村　村長＊ 市町村＊　（村）
	染	染まる　染物＊L20 染める＊
	勢	勢い
	消	消す
	祭	祭り　夏祭り
	過	過疎　経過＊　通過＊ 過失＊　（過ぎる）
	疎	過疎　疎外＊
	援	支援　援護＊　救援＊
	職	退職　職業＊　職員＊
	就	就職　就学＊　就活＊
	域	地域　区域＊　海域＊

第18課　はなれる

B	統	でんとう とうけい とういつ 伝統　統計*　統一*	将	しょうらい たいしょう 将来　大将*
	波	なみ なみう 波　波打つ*	図	ちず あいず さしず 地図　合図*　指図* としょかん （図書館）

(1) ＿＿＿の漢字をひらがなで、ひらがなの語を漢字で書いてください。

① ₁夏祭りの途中で火が出て、みんなで₂消そうとしたが、₃勢いが強く、すぐに₄ておくれの状態になった。
(1 　　　　　) (2 　　　　　) (3 　　　　　) (4 　　　　　)

② ₅村を宣伝するポスターをきっかけに、静かな₆漁村に観光客が₇おしよせ、₈おとしよりたちは₉地域の生活に影響が出ないか心配している。
(5 　　　　　) (6 　　　　　) (7 　　　　　) (8 　　　　　)
(9 　　　　　)

③ ₁₀せいふは₁₁過疎の₁₂市町村での₁₃就職を₁₄支援するため、₁₅げんじょうを₁₆ちょうさし、₁₇統計をまとめた。
(10 　　　　) (11 　　　　) (12 　　　　) (13 　　　　)
(14 　　　　) (15 　　　　) (16 　　　　) (17 　　　　)

(2) □から漢字を選んで、たてとよこで漢字2字の言葉になるように書いてください。

[伝] [退]

統	就	言
宣	職	業

(3) 第18課本文を短くした文です。漢字とかなで書いてください。

のうそんもぎょそんもかそかがすすんでおり、そこでうまれたひともとかいでかぞくをもち、ふるさとにはもどらない。のこされたおとしよりもさびしそうにしている。せいふはちほうじちたいをかっせいかさせるためにしえんしようとさまざまなたいさくをたてている。しかし、そうしたどりょくにもかかわらず、かそかをとめるのはかんたんではない。しょうしこうれいかのえいきょうで、むらがきえてしまうおそれもあるなかで、かそかのげんじょうちょうさをしているひっしゃは、じぶんのしごとがすこしでもしえんのやくにたたないかとかんがえている。

第18課　はなれる

_____
_____
_____
_____
_____
_____

Ⅱ．言葉の練習をしましょう。

(1) 一番良い言葉をひとつ選んでください。

① 特別の(　　　)がなければ、他のビザに変えることは許可されないだろう。
　a. 事情　　　　b. 状況　　　　c. 状態　　　　d. 様子

② 以前から地域に(　　　)いた本屋が最近姿を消しつつある。
　a. 染まって　　b. 根づいて　　c. ふれ合って　　d. もたらして

③ 道にまよったようだから、(　　　)戻ることにしよう。
　a. 一瞬　　　　b. いったん　　c. 瞬間　　　　d. もうすぐ

④ たまには、仕事も付き合いも(　　　)忘れてひとりでのんびりしたい。
　a. 何気なく　　b. 何事も　　　c. 何もかも　　d. 何となく

⑤ 交通事故で上司が急に亡くなり、私は海外出張から(　　　)。
　a. 呼ばれた　　b. 呼びかけられた　c. 呼び出された　d. 呼び戻された

(2) 例のように、言葉を書いてください。

例：口が(重い)

① 口を(　　　　)　② 口に(　　　　)　③ 目に(　　　　)
④ 手に(　　　　)　⑤ 手を(　　　　)　⑥ 首を(　　　　)
⑦ 声を(　　　　)　⑧ 腰を(　　　　)　⑨ 耳を(　　　　)

Ⅲ．文を作る練習をしましょう。

(1) どちらか正しいほうを選んでください。

① 携帯電話を[使う・使っている]ところを先生に見られて、しかられた。
② 何度も確認[する・した]にもかかわらず、部下はまた間違えた。
③ 数年間開発に努力して[いる・きた]だけに、商品化の許可が出ず、残念だ。
④ 亡くなった父は、「こんな店を[始めた・始めていた]ばかりに、休みもゆっくりできない」と、口癖のように[言った・言っていた]。
⑤ たとえ誰が[やる・やった]としても、結果は同じだったと思う。

第18課　はなれる

⑥ 上司に[言われる・言われた]通り、来月出張することにした。

⑦ [聞かれる・聞かれている]ままに答えたが、自分の生活についてお店の人に詳しく知られてしまった。

(2) 言葉を並べて、文を作ってください。

① [する　ならない　重い　つらくて　世話を　のは　病気の　子供の]
　→

② [ことには　できない　ない　パスポートが　海外旅行は]
　→

③ [朝　きり　食べて　飲んだ　いない　忙しくて　コーヒーを　何も]
　→

Ⅳ．作文の練習をしましょう。

(1) 例のように、文を書いてください。

例：人々は過疎の村が地図上から消えてしまうと恐れている。
　　→人々には過疎の村が地図上から消えてしまうという恐れがある。

① 家族は患者が健康で元と変わらぬ生活ができるようにと思っている。
　→

② 父は自分で体を動かせないなら生きているとは言えないと考えている。
　→

③ 親は子供が健康でじょうぶに育ってほしいと願っている。
　→

(2) 【　】の言葉を自由に使って、「心配なこと」を短い文で書いてください。
「心配なこと」【〜てならない　〜としても　〜ないことには】
例：入学試験が近づいていて、それが心配でならない。今までの試験問題をしたり、先生の質問に答える練習をしたりしているが、試験が終わらないことにはゆっくり休めない。しかし、試験が終わったとしても、しばらくは結果が気になって眠れないだろう。

第19課 かなえる

I. 漢字の練習をしましょう。

*の語は意味を調べ、(　)の語は読み方をふくしゅうしましょう。

A	漢字	言葉	B	漢字	言葉
	絡	れんらく たんらくてき 連絡　短絡的*		流	こうりゅう いちりゅう かりゅう 交流　一流*　下流* なが　　　なが (流れる)　(流す)
	熱	ねっしん ねつ あつ 熱心　熱　(熱い)		治	せいじ たいじ ちりょう 政治　退治*　(治療) じちたい　　なお (自治体)　(治す)
	可	かのう 可能		画	けいかく えいが がめん 計画　(映画)　(画面)
	能	かのう のうりょく きのう 可能　能力*　機能* ぎのう のうどうてき 技能*　能動的*		肢	せんたくし しし 選択肢　四肢*
	択	せんたくし さんしゃたくいつ 選択肢　三者択一*		施	しせつ じっし しこう 施設　実施*　施行*
	貧	まず 貧しい		設	しせつ せっけい せつび 施設　設計*　設備* せってい かいせつ 設定*　開設*
	差	さ の こうさ 差し伸べる　交差* かくさ さい 格差*　差異*		内	みうち うち うちき 身内　内　内気* あんない しゃない (案内)　(車内)
	未	みらい みぜん 未来　未然*		育	きょういく そだ そだ 教育　(育つ)　(育てる)
	素	すなお すで 素直　素手*L20		足	まんぞく ふそく あし 満足　不足*　(足) た (足りる)
	質	ぶっしつてき しつもん しつ 物質的　質問　質* あくしつ いしつ きしつ 悪質*　異質*　気質*		環	かんきょう いっかん かんじょう 環境　一環*　環状*
	恵	めぐ めぐ ちえ 恵む　恵み　(知恵)		境	かんきょう きょうかい きょうち 環境　境界*　境地*
	豊	ゆた 豊か		裏	うらがえ うら うらぎ 裏返す　裏　裏切る*

第19課　かなえる

B				
輝	輝く(かがやく)		隠	隠す(かくす)
笑	笑顔(えがお)（笑う(わらう)）		訴	訴える(うったえる)
満	満たす(みたす)（満足(まんぞく)）（満員(まんいん)）		胸	胸(むね)

(1) ＿＿＿の漢字をひらがなで、ひらがなの語を漢字で書いてください。

① 社会が₁まずしく、決して₂めぐまれた₃教育₄環境とは言えないのだが、子供たちはみんな₅すなおで、₆ねっしんに学んでいる。

(1　　　　　) (2　　　　　) (3　　　　　) (4　　　　　)
(5　　　　　) (6　　　　　)

② ₇設計者は₈施設を₉案内し、₁₀設備の₁₁機能について説明した。

(7　　　　　) (8　　　　　) (9　　　　　) (10　　　　　)
(11　　　　　)

③ 子供を₁₂育てる若い母親の心の問題に手を₁₃さしのべようと、₁₄自治体は₁₅交流会を₁₆実施した。

(12　　　　　) (13　　　　　) (14　　　　　) (15　　　　　)
(16　　　　　)

(2) □から漢字を選んで、たてとよこで漢字2字の言葉になるように書いてください。

安　　　　　　　　　　　　　　　月

| 熱　未　将　来　配　心 |

第19課　かなえる

(3) 第19課本文を短くした文です。漢字とかなで書いてください。

> りゅうがくせいとのこうりゅうかいで、にほんのこどもたちとりゅうがくせいのそだったちいきのこどもたちは「ゆめがちがう」というはなしをきいた。まずしいちいきのこどもたちは「じつげんしない」としっていても、あかるくいきるためにゆめをもつ。りゅうがくせいのはなしをきいて、ひっしゃはこれまでりょこうしたちいきでみたこどもたちのあかるいえがおをおもいだした。それはにほんのこどもたちがけっしてみせないひょうじょうだった。そして、そのえがおにかくされたまずしさについてしんけんにかんがえてほしいというりゅうがくせいのうったえにむねがいたんだ。

_____
_____
_____
_____
_____

Ⅱ．言葉の練習をしましょう。

(1) 一番良い言葉をひとつ選んでください。

① 私はより良い医療の実現を(　　　　)、日々努力を続けている。
　a. 促し　　　　b. かなえ　　　　c. 遂げ　　　　d. 目指し

② 新しい就職先では、海外出張の機会に(　　　　)、毎月のように出かけている。
　a. 満たされ　　b. 恵まれ　　　　c. 呼びかけられ　d. 呼び戻され

③ いつも私の意見に反対する相手が(　　　　)受け入れたので、驚いた。
　a. 素直に　　　b. ぽつりと　　　c. 満足に　　　d. 無理に

(2) 例のように、言葉を書いてください。
　　例：(対照)的

① ～的：(　　　　)的　(　　　　)的　(　　　　)的
② ～化：(　　　　)化　(　　　　)化　(　　　　)化
③ ～性：(　　　　)性　(　　　　)性　(　　　　)性
④ 無～：無(　　　　)　無(　　　　)　無(　　　　)
⑤ 不～：不(　　　　)　不(　　　　)　不(　　　　)

Ⅲ．文を作る練習をしましょう。

(1) 文の最後の形に気をつけて、どちらか正しいほうを選んでください。

第19課　かなえる

① リサさんが泣いていたのは、試験で失敗[した・したからだ]。
② 毎日勉強しているから、どんな問題もできない[はずがない・はずだ]。
③ 仕事だから、調子が悪くても、行かない[わけだ・わけにはいかない]。
④ 友達だからといって、何でもゆるされる[わけだ・わけではない]。
⑤ 努力しただけに、上司に[ほめられてうれしい・ほめられた]。
⑥ 携帯電話を忘れたばかりに、ちこく[したはずだ・してしまった]。
⑦ おいしそうなケーキが並んでいたものだから、ついたくさん[買ってしまった・買ったわけだ]。

(2) 言葉を並べて文を作ってください。

① [ことから　ことにした　進んだ　減らす　村では　過疎が　学校を]
　→
② [ともかく　良い　持つのは　実現するか　夢を　どうかは　ことだ]
　→
③ [毎日　いのって　ならない　いる　母が　元気に　ものかと]
　→

Ⅳ．作文の練習をしましょう。

(1) 反対の意味になるように、文を書いてください。
　例：長く住んでいるからといって、日本語が上手になるわけではない。
　　　⇔長く住んでいれば、誰でも日本語が上手になるはずだ。

① たばこをやめたからといって、健康になれるわけではない。
　　⇔＿＿＿＿＿＿＿＿＿＿ば、＿＿＿＿＿＿＿＿＿＿はずだ。
② 料理がじょうずだからといって、料理が好きなわけではない。
　　⇔＿＿＿＿＿＿＿＿＿＿なら、＿＿＿＿＿＿＿＿＿＿はずだ。
③ 勉強をしたからといって、かならず100点が取れるわけではない。
　　⇔＿＿＿＿＿＿＿＿＿＿ば、＿＿＿＿＿＿＿＿＿＿はずだ。

(2) 81ページの文をもっと短くして、100字ぐらいで書いてください。

第20課 おぼえる

I. 漢字の練習をしましょう。

*の語は意味を調べ、（　）の語は読み方をふくしゅうしましょう。

A	漢字	言葉	B	漢字	言葉
	義	義務　意義*　義理*		騒	騒ぐ
	務	義務　事務室　業務*		柔	柔らかい
	営	営む		認	認める（確認）
	握	握る		板	まな板
	固	固い		包	包丁
	過	過ぎる　過ごす*　（過疎）		丁	包丁　一丁目
	雇	雇う		研	研ぐ（研究）
	条	条件　信条*		刃	刃先　片刃*　薄刃*
	件	条件　1件*　事件*　用件*		触	舌触り　触る
	舌	舌触り　舌		減	加減　減少*　（減る）
	張	張る（出張）		工	工夫　工面*　大工*
	限	限る		夫	工夫　夫人*　（夫）
B	衛	衛生*　自衛*　護衛		染	染物（染まる）
	薄	薄い		削	削る
	袋	手袋　紙袋*		芸	お家芸　芸術*　芸人*

83

第20課　おぼえる

(1) ＿＿＿の漢字をひらがなで、ひらがなの語を漢字で書いてください。

① 木を₁薄く₂削って₃染物に使ってみたところ、きれいな₄柔らかい色に₅染まった。
 (1　　　　　) (2　　　　　) (3　　　　　) (4　　　　　)
 (5　　　　　)

② 店では₆研いだ₇包丁の₈刃先や₉まな板の状態を毎日₁₀確認している。
 (6　　　　　) (7　　　　　) (8　　　　　) (9　　　　　)
 (10　　　　　)

③ 包丁を₁₁にぎった男が小学校の₁₂じむしつで₁₃騒ぐという₁₄事件から1年余りが₁₅すぎた。
 (11　　　　　) (12　　　　　) (13　　　　　) (14　　　　　)
 (15　　　　　)

④ しお₁₆加減や₁₇した₁₈触りなど、料理のこつを身につけるために、料理人はそれぞれ₁₉工夫を重ねている。
 (16　　　　　) (17　　　　　) (18　　　　　) (19　　　　　)

(2) ◻︎から漢字を選んで、たてとよこで漢字2字の言葉になるように書いてください。

				婦
	紙			

拍　袋　妻　夫　手　工

(3) 第20課本文を短くした文です。漢字とひらがなで書いてください。

> すしのにぎりかた、でんとうそめもののぎじゅつ、そばをうつときのちからのぐあい、だいくのわざなど、ことばにしておしえられないものづくりのわざはたくさんある。ならいたいひとにとっては、ことばでせつめいしないのはいじわるのようにおもえるかもしれないが、ことばではなくからだでおぼえさせるほかはないし、そのほうがものになるとひっしゃはかんがえる。ものづくりのわざがいままでつたえられてきたのは、しょくにんがからだでおぼえてきたからで、せかいじゅうにそのようなしょくにんのわざがあるにちがいないとひっしゃはいっている。

第20課　おぼえる

_____

_____

Ⅱ．言葉の練習をしましょう。

(1) 一番良い言葉をひとつ選んでください。

① 条件を(　　　)いないので、大学の入学試験は受けられません。
　a. 得て　　　　　b. かなえて　　　c. 満たして　　　d. 認めて
② 毎晩眠る時間を(　　　)包丁を研ぐ若者を見て、ものになると思った。
　a. 隠して　　　　b. かせいで　　　c. 削って　　　　d. 耐えて
③ この店では(　　　)舌触りのチョコレートが人気がある。
　a. 気まぐれな　　b. 清潔な　　　　c. なめらかな　　d. 豊かな
④ もっと時間がかかると思っていたが、(　　　)決まってほっとした。
　a. 明らかに　　　b. 素直に　　　　c. すんなり　　　d. なめらかに
⑤ 有名な歌手の結婚だからといって、(　　　)騒ぐことではないのではないだろうか。
　a. 取り合わせて　b. 取りかかって　c. 取り出して　　d. 取り立てて

(2) 例のように、言葉を書いてください。

　例：(自慢)気

① 〜気：　　(　　　　　)気 (　　　　　)気 (　　　　　)気
② 〜先：　　(　　　　　)先 (　　　　　)先 (　　　　　)先
③ 〜つき：　(　　　　　)つき (　　　　　)つき (　　　　　)つき
④ 〜づめ：　(　　　　　)づめ (　　　　　)づめ (　　　　　)づめ
⑤ 〜まみれ：(　　　　　)まみれ (　　　　　)まみれ
　　　　　　(　　　　　)まみれ

Ⅲ．文を作る練習をしましょう。

(1) どちらか正しいほうを選んでください。

① 今は会社を始めたとしても、うまく[いかないだろう・いかなかった]。
② やってみないことにはスポーツの良さは[わからない・わからなかった]。
③ すぐ人の手を借りるようでは一人前に[なれる・なれない]。
④ ふるさとのことを考えれば考えるほど[帰りたい・帰りたくなる]。
⑤ 会社をやめるにしろやめないにしろ、よく[考えるべきだ・考えた]。
⑥ 部長が来ないことには会議が[始まる・始まらない]。
⑦ 飛行機のきっぷさえ取れれば、[帰国する・帰国しない]つもりだ。

第20課　おぼえる

(2) 言葉を並べて文を作ってください。

① ［限らず　公園は　大人の　いる　子供に　多く　利用者も　なって］
　→

② ［おいしかった　ケーキは　この　値段が　割に　安かった］
　→

③ ［クラスで　チンさんが　話の　にかけては　面白さ　一番だろう］
　→

IV．作文の練習をしましょう。

(1) 例のように文を書いてください。
　例：すしは素手なら握れる。
　　　→すしは素手でなければ、握れない。

① 貧しい子は誰かが手を差し伸べれば、医者や政治家になれる。
　→

② 過疎地は何か手を打てば、活性化できる。
　→

③ 健康な状態に戻れれば、治療する意味がある。
　→

(2) 【　】の言葉を自由に使って、「自慢できること」を短い文で書いてください。
　「自慢できること」【そこそこ　～に限らず　～にかけては】
　例：私は歌が好きだ。カラオケに限らず、いつでもどこでも気づいたら歌を歌っている。歌のうまさにかけては、そこそこ胸を張れると思う。歌手にはなれないが、誰かをはげますとか、勇気づけるとか、何かの役に立てばうれしい。

第16課～第20課 【ふくしゅう】

Ⅰ．一番良い言葉を選んでください。
① 天ぷらをおいしく作る(　　　)は、あぶらの温度にある。
　a．技術　　　　　b．具合　　　　　c．こつ　　　　　d．わざ
② 試験の結果や友達との関係から学校へ行くのが(　　　)いやになった。
　a．何気なく　　　b．何もかも　　　c．何となく　　　d．何らか
③ 私が病気になったとき、母は(　　　)離れず、そばにいてくれた。
　a．あれやこれや　b．いったん　　　c．片ときも　　　d．本来
④ 留学すると、その国の文化を知ることが(　　　)大切かが分かる。
　a．いかに　　　　b．一方で　　　　c．さらに　　　　d．どうしても
⑤ 子供のころは病気(　　　)で、あまり外で遊べなかった。
　a．がち　　　　　b．次第　　　　　c．づめ　　　　　d．まみれ
⑥ 宿題(　　　)すればいいというわけではない。
　a．こそ　　　　　b．さえ　　　　　c．すら　　　　　d．なり
⑦ 子供なら(　　　)、大人が電車で騒ぐなんて、信じられない。
　a．いわゆる　　　b．とはいえ　　　c．ともかく　　　d．もちろん
⑧ 仕事の正確さに(　　　)、中田さんにかてる人はいないだろう。
　a．あたっては　　b．限らず　　　　c．かけては　　　d．とっては

Ⅱ．(　　)に助詞を入れて、文を作ってください。
① 貧しい子供たちは楽な生活がしたいという思い(　　　)、明るい未来(　　　)夢(　　　)見る。
② 政府は過疎の自治体の支援(　　　)力(　　　)入れている。その一方で、少子高齢化対策も進めている。
③ 以前(　　　)変わらぬ生活がしたいという患者の訴え(　　　)心(　　　)痛む。
④ 父は長い間たばこをすっている割(　　　)は、健康だ。
⑤ 健康(　　　)恵まれている妹は、長生きする(　　　)違いない。
⑥ 都会(　　　)あこがれ、兄(　　　)頼り(　　　)東京へ来た。

Ⅲ．【　　】の言葉を正しい形にして、(　　)に入れてください。
① 気分が悪いが、少し(　　　　　)さえすれば、良くなる。【休む】
② 海外へ行くには飛行機に(　　　　　)よりほかはない。【乗る】

第16課〜第20課 【ふくしゅう】

③ 弟は写真が好きで、(　　　　)は写真をとっている。【出かける】
④ 日本での就職か、帰国か(　　　　)かねている。【決める】
⑤ 敬語すら(　　　　)ようでは、就職はできないだろう。【使う】
⑥ 子供が(　　　　)としても、仕事は続けるつもりだ。【できる】
⑦ ジムさんとは2年前のパーティーで(　　　　)きりだ。【会う】
⑧ 子供の留学を考えると、(　　　　)ならない。【心配だ】

Ⅳ. □□□から言葉を選んで、(　　)に書いてください。同じ言葉を何度選んでもかまいません。

　　　こと　もの　ところ　ばかり　はず　わけ

① やくそくを守る村田さんの(　　　　)だから、あしたには返事が来る(　　　　)だ。
② 電車が遅れていた(　　　　)だから、ちこくしてしまいました。
③ 外国人が増えた(　　　　)から、町では外国語の案内を作った。
④ ヤンさんと昼ご飯を食べている(　　　　)へ、キムさんが来た。
⑤ 毎日運動しない(　　　　)には、やせられないだろう。
⑥ 会社に入った(　　　　)で、仕事のことはまだ何もわからない。
⑦ 困っている人がいたら、手を差し伸べる(　　　　)だ。
⑧ うれしい(　　　　)に、友達が私のたんじょう日を覚えていた。
⑨ 大学の入学試験に遅れる(　　　　)にはいかない。
⑩ 携帯電話を忘れた(　　　　)に、今日会う友達に連絡できない。
⑪ 外国語が自由に話せるようにならない(　　　　)かと思う。
⑫ 忙しいといっても、毎日残業している(　　　　)ではない。
⑬ 病院へ行った(　　　　)、今のような生活では病気にならない(　　　　)がないと言われた。
⑭ 今、晩ご飯を作っている(　　　　)だから、後で電話します。

〈著　者〉

亀田美保（かめだ　みほ）
大阪YMCA日本語教育センター センター長。2008年米国Columbia大学大学院夏季日本語教授法コースにてM. A.取得。主な著書：『テーマ別　中級から学ぶ日本語』『テーマ別　中級までに学ぶ日本語』『テーマ別　上級で学ぶ日本語』『テーマ別　上級で学ぶ日本語 準拠　力を伸ばす練習帳』（以上共著、研究社）ほか。

柿本仁美（かきもと　ひとみ）
元 大阪YMCA学院日本語学科専任講師。

高智子（こう　ともこ）
元 大阪YMCA学院日本語学科専任講師。

惟任将彦（これとう　まさひこ）
大阪YMCA学院日本語学科専任講師。

佐藤真紀（さとう　まき）
大阪YMCA学院日本語学科主任教員。

杉山知里（すぎやま　ちさと）
大阪YMCA学院日本語学科専任講師。

立和名房子（たちわな　ふさこ）
元 大阪YMCA国際専門学校日本語学科主任教員。

野口亮子（のぐち　りょうこ）
大阪YMCA国際専門学校日本語学科専任講師。

テーマ別　中級から学ぶ日本語（三訂版）準拠
力を伸ばす練習帳

2018年9月18日　初版発行　　2024年5月24日　3刷発行

KENKYUSHA
〈検印省略〉

著　者		亀田美保・柿本仁美・高智子・惟任将彦・ 佐藤真紀・杉山知里・立和名房子・野口亮子
発行者		吉田尚志
印刷所		図書印刷株式会社

発行所　株式会社　研究社

〒102-8152
東京都千代田区富士見2-11-3
電話（編集）03(3288)7711（代）
　　（営業）03(3288)7777（代）
振替 00150-9-26710
https://www.kenkyusha.co.jp/

© Kameda Miho, Kakimoto Hitomi, Ko Tomoko, Koreto Masahiko, Sato Maki,
Sugiyama Chisato, Tachiwana Fusako and Noguchi Ryoko, 2018
Printed in Japan / ISBN 978-4-327-38479-1 C1081
ブックデザイン：Malpu Design（宮崎萌美）
イラスト：HUANG WAN HSUAN